하루 한 권 학습만화 13

세계의역사

KB193225

KADOKAWA MANGA GAKUSYU SERIES SEKAI NO REKISHI
TEIKOKUSHUGI TO TEIKO SURU HITOBITO 1890-1910NEN

일러두기

이 책은 세계사를 바라보는 다양한 시각 및 국제정치적 감각을 길러주기 위한 목적으로 기획되었다. 원서는 비교
역사학을 토대로 서술되어 특정 국가의 시각에 치우치지 않고 세계 각국의 다양한 역사적 사실에 기반을 두고 있다.
다시 말해 우리 민족의 관점으로 바라본 세계사가 아님을 밝힌다.
다만 역사라는 학문의 특성상 우리나라 학계 및 정서에 맞지 않는 영토분쟁·역사적 논쟁점도 분명히 존재한다. 편
집부 역시 이러한 사실을 인지하고, 국내 정서와 다른 부분은 되도록 완곡한 단어로 교정했다. 그러나 오늘날 발생하
는 수많은 역사 분쟁을 다양한 시각에서 논의할 수 있도록 필요한 부분은 원서의 내용을 살려 편집했다. 교육 자료로
활용하거나 아동이 혼자 읽는 경우 이와 같은 부분에 지도가 필요할 수 있음을 당부드린다.

세계의역사

도쿄대학 명예 교수 하네다 마사시 감수

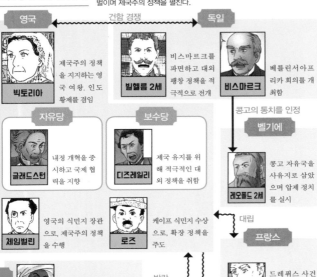

제1장 유럽과 제국주의

19세기 후반 유럽 열강들은 식민지 획득 쟁탈전을 벌이며 제국주의 정책을 펼친다.

영국 ←— 건함 경쟁 —→ **독일**

빅토리아: 제국주의 정책을 지지하는 영국 여왕. 인도 황제를 겸임

빌헬름 2세: 비스마르크를 파면하고 대외 팽창 정책을 적극적으로 전개

비스마르크: 베를린서아프리카 회의를 개최

콩고의 통치를 인정

벨기에

레오폴드 2세: 콩고 자유국을 사유지로 삼았으며 압제 정치를 실시

자유당

글래드스턴: 내정 개혁을 중시하고 국제 협력을 지향

보수당

디즈레일리: 제국 유지를 위해 적극적인 대외 정책을 취함

제임벌린: 영국의 식민지 장관으로, 제국주의 정책을 수행

로즈: 케이프 식민지 수상으로, 확장 정책을 주도

대립

프랑스

크레망소: 드레퓌스 사건에서 드레퓌스를 옹호했으며, 1906년 총리 취임

수단

무함마드 아마드: 이집트 지배 하에 있는 수단에서 민족 해방을 요구하며 이슬람 봉기를 일으킴

반란 / 진압

제2장 서아시아의 이슬람 개혁 운동

유럽 열강의 침략으로 서아시아에서는 아프가니가 무슬림의 단결을 호소한다.

무슬림들

자말 알딘 알 아프가니: 종교가·혁명가로범이슬람주의를 제창. 반식민지 투쟁을 벌임

제자

압두: 스승 아프가니와 「강건한 유대」를 창간

케르마니: 나스르 알 딘 샤를 암살

이집트

아라비: 외국인 지배로부터의 해방을 요구하며 봉기한 군인

자글룰: 이집트 독립의 영웅으로, 초대 수상이 됨

유폐 / 대립 / 암살

오스만 제국

압둘하미드 2세: 전제정치를 펼치며 스스로를 칼리파라고 선언

이란 카자르 왕조

나스르 알 딘 샤: 열강에 종속되어 담배 불매 운동을 초래함

이권

영국

탈보트: 담배의 생산·유통에 관한 독점적 이권을 챙김

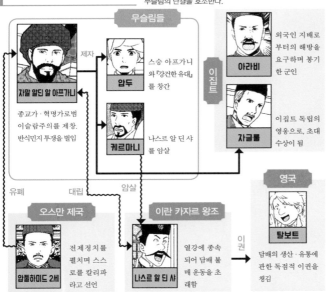

주요 사건

1891년
담배 불매 운동 전개

1896년
제1회 근대 올림픽 대회 개최

1899년
미국 – 필리핀 전쟁 발발

1900년
의화단 운동 발생

청일 전쟁에서 패한 청은 열강에 의해 분할되고, 만주와 한반도의 권익을 둘러싼 러일 전쟁이 시작된다.

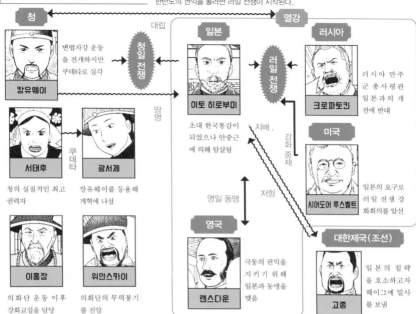

청

캉유웨이
변법자강 운동을 전개하지만 쿠데타로 실각

청일 전쟁 / 대립

열강

일본

이토 히로부미
초대 한국통감이 되었으나 안중근에 의해 암살됨

러시아

크로파토킨
러시아 만주군 총사령관 일본과의 개전에 반대

러일 전쟁

미국

시어도어 루스벨트
일본의 요구로 러일 전쟁 강화회의를 알선

강화 중재

망명

쿠데타

서태후
청의 실질적인 최고 권력자

광서제
캉유웨이를 등용해 개혁에 나섬

지배 · 지도 · 강화

영일 동맹

저항

이홍장
의화단 운동 이후 강화교섭을 담당

위안스카이
의화단의 무력봉기를 진압

영국

랜스다운
극동의 권익을 지키기 위해 일본과 동맹을 맺음

대한제국(조선)

고종
일본의 침략을 호소하고자 헤이그에 밀사를 보냄

식민지가 된 동남아시아 · 인도에서는 억압으로부터의 해방을 요구하는 민족운동이 일어난다.

필리핀 공화국

호세 리살
필리핀인의 의식을 바꾸는 독립운동에 나섬

아기날도
필리핀 공화국을 수립하고 초대 대통령이 됨

필리핀

미얀마(버마)

민돈
국가 근대화를 추진한 꼰바웅 왕조의 국왕

타이(샴)

라마 5세
국가 근대화에 힘썼으며 샴의 독립을 지킴

부자

라마 4세
열강에 대항한 샴의 국왕

인도

틸라크
인도 국민회의의 급진파. 4대 강령을 채택

아가 칸 3세
전인도 무슬림 연맹의 설립에 관여

베트남

판보이쩌우
일본으로 유학생을 보내는 동유 운동을 전개

호치민
베트남 독립을 목표로 활동한 혁명가

자바섬

디파느고로
네덜란드의 통치에 대항해 거병한 왕자

이슬람동맹

쪼끄로아미노또
대중 민족주의 조직인 이슬람동맹의 지도자

인도네시아

독자여러분께

13

제국주의와 저항하는 사람들

도쿄대학 명예 교수 **하네다 마사시**

산업혁명을 발판으로 영국, 프랑스, 독일, 러시아, 일본 등의 국가는 국내 경제의 규모를 키워갔습니다. 그들은 공업 원료와 제품의 판로를 얻기 위해서 막강한 군사력을 동원해 세계 각지에서 식민지 획득 쟁탈전을 벌입니다. 이 나라들을 '열강'이라 부르고, 그러한 움직임을 제국주의라고 합니다. 19세기 말에는 아시아에 이어 아프리카의 식민지화가 이뤄집니다. 열강 국가에서는 많은 사람이 인쇄물과 미디어를 통해, 먼 지역에서의 전투 승리와 식민지 획득 소식을 접하고 열광하며 국민 의식을 높여갔습니다. 한편, 식민지가 된 지역이나 그러한 위기에 처한 지역에서는 제국주의에 반대하는 다양한 움직임이 일어납니다. 세 번의 혁명 이후 미국과 유럽에서 중시하게 된 개념과 사고방식을 바탕으로 말입니다. 특히 '민족'이라는 개념을 핵심으로 하는 저항·독립운동은 여러 지역에서 발생했습니다. 또 유럽인들이 그 가치를 인정하지 않는 '이슬람교'나 '아시아' 등의 개념을 역으로 이용해 저항을 위한 집단을 만들어 제국주의에 대항하려는 운동도 생겨났습니다.

이 책을 읽으면서 제국주의를 추진하는 열강의 움직임과 세계 각지의 다양한 저항 운동을 연결 지어 파악해 보시기 바랍니다. 그리고 세계 역사의 시대별 흐름을 알아보는 재미를 아이들과 함께 느껴 보시면 좋겠습니다.

당부의말씀

- 이 도서의 원서는 일본 문부과학성이 발표한 '2008 개정 학습지도요
  령'의 이념, '살아가는 힘'을 기반으로 편집되었습니다. 다만 시대상
  을 반영하려는 저자의 의도적 표현을 제외하고, 역사적 토론이 필요
  한 표현은 대한민국 국내의 정서를 고려해 완곡하게 수정했습니다.

....

- 인명·지명·사건명 등의 명칭은 대한민국 초·중·고등학교 교과서
  를 바탕으로 삼되, 여러 도서·학술정보를 참고해 상대적으로 친숙
  한 표현으로 표기했습니다.

....

- 대체로 사실로 인정되는 역사를 기반으로 구성했습니다. 다만 정확
  한 기록이 남지 않은 등장인물의 경우, 만화라는 장르를 고려해 쉽고
  재미있게 읽을 수 있도록 대화·배경·의복 등을 임의로 각색했습니
  다. 또 역사의 흐름을 이해하는 데 도움이 되도록 만화에 가공인물을
  등장시켰습니다. 이러한 가공인물에는 별도로 각주를 달아 표기했습
  니다.

....

- 연도는 서기로 표기했습니다. 사건의 발생 연도나 인물의 생몰년이
  불분명한 경우에는 일반적으로 통용되는 시점을 채택했습니다. 또 인
  물의 나이는 앞서 통용된 시점을 기준으로 만 나이로 기재했습니다.

....

- 인물의 나이는 맞춤법에 어긋나더라도 '프리드리히 1세'처럼 이름이
  같은 군주의 순서 표기와 헷갈리지 않도록 '숫자 + 살'로 표기했습니
  다. 예컨대 '스무 살, 40세'는 '20살, 40살'로 표기했습니다.

1900년 무렵의 세계

공업화를 이뤄낸 유럽 국가들은 아시아·아프리카 각지를 식민지로 삼았어요. 이러한 움직임을 제국주의라고 합니다. 이에 맞서 식민지에서는 민족독립운동이 일어났습니다.

청일 전쟁과 러일 전쟁
(1894년~1895년/1904년~1905년) **A**

일본은 청, 러시아와의 전쟁에서 승리하여 열강에 버금가는 성장을 이룸

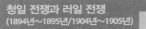

미국-스페인 전쟁에서 미국이 승리(1898년)

미국이 스페인을 이기고 카리브해와 태평양으로 세력을 넓힘

미국의 하와이 병합(1898년)

1893년의 쿠데타로 하와이 왕국의 릴리우오칼라니 여왕을 퇴위시키고 1898년에 합병

영국이 오스트레일리아의 자치를 인정(1901년)

여섯 개의 식민지가 오스트레일리아 연방을 결성해 자치령이 됨

일본인의 남미 이민(1899년~)

일자리를 찾는 일본인들이 페루 등의 남미 국가로 이민을 떠남

유럽에서는 독일이 힘을 키우자, 영국과 프랑스는 영프 협상을 맺어 이에 대항하고자 했어요.

 근대화가 진행된 일본이 청나라, 러시아와 싸웠을 무렵이네요.

 식민지에서는 민족이나 종교 같이 자신들이 소중하게 여기는 가치를 중심으로 자립, 독립을 위한 운동이 활발해지게 되죠.

 유럽 국가들은 공업 원료와 판로를 찾아 아시아와 아프리카 대부분의 지역을 식민지로 만들고 있군요.

이란 국왕의 암살
(1896년)

B

아프가니의 제자가 나스르 알딘 샤를 암살

8개국 연합군 출병
(1900년)

C

의화단의 봉기에 맞서 열강이 공동으로 진압함

파쇼다 사건 발생
(1898년)

아프리카를 횡단하는 프랑스군과 종단하는 영국군이 대치함

보어 전쟁 발발
(1899년~1902년)

영국이 남아프리카의 보어인 국가 두 곳을 침략, 합병함

필리핀 독립운동이 일어남
(1892년)

D

고등교육을 받은 젊은이들이 민족의식을 함양하는 언론활동을 벌임

◀ 다음 페이지에서 자세한 설명을 확인하세요

청일 전쟁의 승리로 들끓는 일본

1895년 청일 전쟁에서 승리한 일본은 대만을 식민지로 삼는 등, 청으로부터 많은 이권을 손에 넣었다. 그 결과 일본은 제국주의 열강의 반열에 올랐다. 일본 전역이 청일 전쟁의 승리에 들끓었고 도쿄의 히비야(東京·日比谷)에는 개선문이 만들어졌다.

담배 불매 운동의 전개

카자르 왕가의 샤한샤가 영국인에게 이란에서의 담배 전매권을 넘기자, 1891년 시아파 성직자들이 반대를 표명하며 금연을 호소했다. 이에 사람들이 호응하면서 사회가 불안 정해지자 왕은 이권 양도를 취소하게 되었다.

C

의화단 운동이 일어남

1900년 열강 세력과 그리스도교의 진출에 반발이 거세지던 청에서는 무술을 중시하는 종교 결사단체인 의화단이 '부청멸양'(청을 도와 서양 세력을 멸하자) 을 외치며 봉기했다. 청 왕조는 이를 이용해 열강에 선전포고를 했다.

호세 리살이 처형됨

D

유럽에서 유학을 하고 스페인 식민지 하의 필리핀으로 귀국한 호세 리살은 필리핀 독립 운동을 주도했다. 그러나 그는 독립을 목표로 봉기한 비밀결사단체인 카티푸난에 연루 됐다는 혐의로 체포돼 1896년에 처형되었다.

세계를 한눈에!

13 파노라마 연표(1890년~1910년)

아프리카, 서·남·동남아시아				동·북아시아		일본
오스만 제국 외	아프리카	무굴 제국	동남아시아	청	조선	
			응우옌 푹 아인 베트남 통일(1802년)			에도 시대
			자바 전쟁(1825년~1830년)			
			네덜란드, 자바에서 강제 경작 제도를 개시(1830년)			
		세포이 항쟁 (1857년~1859년)				
		▶영국 동인도회사 해산(1858년)				
		• 무굴 제국 멸망, 영국의 직접 통치 시작				
	수에즈 운하 개통(1869년)		**👤쫄랄롱꼰** (라마 5세, 1868년~1910년)		**👤고종** (1863년~1907년)	메이지 유신(1868년)
👤압둘하미드 2세 (1876년~1909년)		인도 제국 성립(1877년)		**👤광서제** (1874년~1908년)		강화도 조약(1876년)
		👤빅토리아 여왕 (1877년~1901년)				
미드하트 헌법 공포 (1876년)	이집트 **아라비** 혁명(1881년~1882년)			청프 전쟁 (1884년~1885년)		내각 제도가 생겨 이토 히로부미가 초대 내각 총리대신에 취임(1885년)
	수단 마흐디 항쟁(1881년~1898년)			**텐진 조약**(1885년)		
	콩고 자유국 (벨기에, 1885년)	인도 국민회의 결성(1885년)				대일본제국 헌법 공포(1889년)
이란 담배 불매 운동 (1891년)	영국 세실 로즈, 케이프 식민지 수상 (1890년)			청일 전쟁 (1894년~1895년)	동학농민 운동 (1894년)	제1회 제국의회 개회(1890년)
						영사재판권 철폐 (1894년)
			영국 말레이 연방 성립(1895년)	**시모노세키 조약**(1895년)		청일 전쟁(1894년~1895년)
				변법자강 운동 (1895년~1898년)	**대한제국** 수립(1897년)	**시모노세키 조약**(1895년)
	보어 전쟁 (1899년~ 1902년)		필리핀이 미국령이 됨(1898년)	열강의 중국 분할 격화 무술정변(1898년)		삼국간섭(1895년)
이란 입헌 혁명(1905년)	벵골 분할령(1905년)		베트남 동유 운동 (1905년~1909년)	의화단 운동 (1900년~1901년)		의화단 운동으로 일본군이 청나라로 출병(1900년)
	인도 국민회의 콜카타대회 (1906년)			**베이징 의정서** (신축조약, 1900년)		**영일 동맹**(1902년)
청년 튀르크당 혁명(1908년)	전 인도 무슬림연맹 결성(1906년)					러일 전쟁(1904년~1905년)
						포츠머스 조약(1905년)
						러일 협약(1907년)
	영국령 남아프리카 연방 성립(1910년)			멸망(1910년)		대역 사건(1910년)
					한일 병합(1910년~1945년)	

12

■ : 나라·왕조   붉은 글자 : 전투·전쟁   ■ : 조약·회의   👤 : 주요 통치자(재위·재직 기간)

• 시간의 흐름에 따라 서술한 연표로, 생략된 시대·사건이 있습니다.

연대	남·북아메리카	유럽			
	미국	영국	프랑스	프로이센	러시아 제국
1800년		👤빅토리아 여왕 (1837년~1901년)			
1850년	남북 전쟁(1861년~1865년)				
1860년		제1인터내셔널 결성 (1864년~1876년)			
1870년			프랑스 공화국	독일 제국 건국(1871년) 👤빌헬름 1세 (1871년~1888년)	
1880년		이집트 점령(1882년)	청프 전쟁 (1884년~1885년)	삼국 동맹(1882년)	
		베를린서아프리카 회의(1884년~1885년)			
			제2인터내셔널 결성 (1889년~1914년)	독일·러시아 이중보호 조약(1887년) 👤빌헬름 2세 (1888년~1918년)	
1890년	셔먼법 제정(1890년) 👤윌리엄 매킨리 (1897년~1901년) 미국·스페인전쟁(1898년) 하와이 병합(1898년) 중국에 대한 문호 개방 정책(1899년)	조지프 체임벌린 식민지 수상 (1895년~1903년) 노동자보호법 통과(1897년) •아프리카 종단정책 파쇼다 사건 발생(1898년) 보어 전쟁 (1899년~1902년)	러시아·프랑스동맹(1894년) 드레퓌스 사건 (1894년~1899년) • 아프리카 횡단정책	비스마르크 은퇴(1890년) 시오니즘 운동(1896년) 함대법 성립(1898년) 3B 정책(1899년)	러시아·프랑스 동맹(1894년) 👤니콜라이 2세 (1894년~1917년)
1900년	👤시어도어 루스벨트 (1901년~1909년)	영일 동맹(1902년) 영프 협상(1904년) 영국·러시아 협상(1907년)			러일 전쟁(1904년~1905년) 피의일요일 사건(1905년) 포츠머스 조약(1905년) 러일 협약(1907년) 영국·러시아 협상(1907년)
1910년					

■ 이 책에서 다루지 않는 역사

제국주의와 저항하는 사람들
(1890년 ~ 1910년)

하루 한 권 학습만화

세계의 역사 13

목 차

〈자켓 및 표지〉 곤도 가쓰야(스튜디오 지브리)

글로벌한
관점으로
세계를
이해하자!

세계사 내비게이터
하네다 마사시 교수
일본판 도서를 감수한 도
쿄대학의 명예 교수. 세계
적인 역사학자로 유명함

〈일러스트〉 우에지 유호

독립을 목표로!

방석 담당

판보이쩌우
(1867~1940)
베트남 독립운동 지도자

망국의 위기다.

캉유웨이(1858~1927)
제국주의에 대항하고
청의 근대화를 추진한 정치가

열강※에 굴하지 않는다.

아프가니(1838~1897)
이슬람 개혁과
반제국주의를 외친 혁명가

※ 강대국으로 꼽히는 나라들. 주로 19세기 후반 식민지를 쟁탈한 다수의 제국주의 국가를 뜻함

한편, 제국주의 정책에 휘말린 피지배국에서는 다양한 형태의 개혁과 저항 운동이 일어났습니다.

19세기 후반은 열강이 세계 각지에서 경제 발전이나 국가의 힘을 보여주기 위해

식민지를 추구하는 제국주의 정책을 전개해 나가던 시기였습니다.

그럼, 첫번째 문제!

19세기에 그려진 풍자화입니다. 이 그림에 걸맞은 문장을 표현해 주시기 바랍니다.

정답!!

18

내 제자들은 식민 지배로부터의 해방을 요구하며 이집트에서 시작된 '아라비 혁명'에 뛰어들었으나,

안타깝게도 영국군에게 제압 당하고 말았소.

오, '아프가니' 씨.

판 씨, 아프가니 씨에게 방석 한 장 주세요!

식민지 지배에 저항하는 자세 좋습니다.

저요! 저요! 저요!

힘차네요. 그럼 다시 빌헬름 씨.

자, 다음 문제 입니다.

짜잔!

독일 해군 협회의 건함 정책 포스터

19

세계 일주!

군함 으로

판 씨, 방석을 다시 가져가 세요.

방금 답변과 거의 똑같잖아요.

해군의 대확장 정책을 펼쳤습니다.

해외 진출에 있어 영국을 라이벌로 삼았던 독일에서는

영국에겐 질 수 없지!

이것은 독일 군함을 늘리자는 선전 포스터입니다.

이번 방석은 주어지지 않습니다!

네, 여기까지! 다른 답변이 없기 때문에

우리 영국 제국의 해군에 이기려면 아직 멀었구나.

우리 손자 빌헬름아, 수염은 훌륭해 보인다만

…이 시대는 열강끼리의 대립 관계도 그때그때 상황에 따라 복잡하게 변해갑니다.

'캉유웨이' 씨가 추진했던 개혁은 급진적인 면도 있어서 '서태후'를 비롯한 보수파에 의해 무너지고 말았죠.

일본은 열강 측에 서서 베트남을 버렸어….

베트남도 열강의 위협에 맞서고자 일본을 의지해 유학까지 했지만

이렇게 되지는 않았을텐데.

우리 청도 변법자강 운동으로 근대화를 추진하는 개혁에 성공했다면

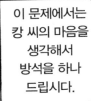

이 문제에서는 캉 씨의 마음을 생각해서 방석을 하나 드립시다.

· · · · ·

이제 더이상 못 참아.

열강 제국들에 선전포고를 할테다!!

훅

꽉

22

18세기, 산업혁명이 일어나면서 영국은 거대한 공업국으로 발전해 '세계의 공장' 이라 불리게 되었다.

이어 19세기 후반에는 독일, 프랑스, 미국에서 석유와 전력을 이용한 중화학공업을 중심으로 제2차 산업혁명이 일어난다.

생산력은 소수의 거대기업에 집중되고,

이들에게는 대규모 설비와 자본이 필요했다. 이러한 배경 속에서 대형 은행과 결합한 기업 집단, 콘체른이 탄생한다.

그렇게 영국 이외의 서양 국가들도 점차 경제력을 키워갔다.

알프레드 크루프
독일의 기업가

존 록펠러
미국의 기업가

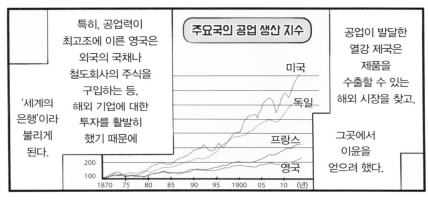

특히, 공업력이 최고조에 이른 영국은 외국의 국채나 철도회사의 주식을 구입하는 등, 해외 기업에 대한 투자를 활발히 했기 때문에

'세계의 은행'이라 불리게 된다.

주요국의 공업 생산 지수

미국

독일

프랑스

영국

200
100

1870　75　80　85　90　95　1900　05　10　(년)

공업이 발달한 열강 제국은 제품을 수출할 수 있는 해외 시장을 찾고,

그곳에서 이윤을 얻으려 했다.

백인의 책무※

우리 백인은 우월하니까.

다른 인종을 지배하지 않으면 안 돼.

※ 인종에 의한 우열은 현재는 부정되는 사상

한편, 세계 각지를 식민화했던 열강의 팽창주의에는 경제 발전과

국력을 과시하려는 의도가 함께 깔려 있었다.

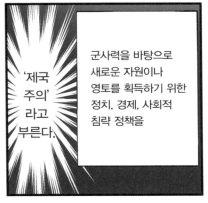

'제국 주의' 라고 부른다.

군사력을 바탕으로 새로운 자원이나 영토를 획득하기 위한 정치, 경제, 사회적 침략 정책을

우리가 문명화를 이뤄내는 거야.

문명화 사명

26

네.

마이크
신입 기자

어이 신참, 취재 가자.

브라이언
편집장

1879년 말.
런던의
한 신문사 본사

글래드
스턴
연설 원고
아직
멀었나?

거의
다
됐습
니다!

증기기관을
이용한
기선*이나
기관차로

※ 증기기관으로 움직이는 선박

우리 같은
대중지는
신흥세력이야···.
대중들이
좋아할 만한
기사를 써야 해!

'타임즈'처럼
전통이 깊은
고급 일간지에
비하면

문맹률을
잡기 위해
신문을
보급했다.

1870년대
'글래드스턴'
내각은
초등 교육
개혁 이후,

국내 각지의
폭넓은
일반
독자들에게
전달되고
있으니
말이야.

글래드스턴은
이제 일흔이
다 되어 갈텐데
아직도
도전한대요?

이번 선거에서는
수상 출신인 자유당의
글래드스턴 의원이
스코틀랜드로
선거구를 옮겨
출마할 모양이야.

네가
한번
기사를
써 봐.

정말
이요?

2주 동안
선거구를
대대적으로
유세하며
다닐 거라고
하는군.

인지도도
높으니
방심할 수
없어.

세금이
지나치게
높잖아!

확장
정책에
돈을 너무
많이 써!

글래드스턴은
이런 상황에서
대중을 향해
정권 비판을
전개한다.

제2차
'디즈레일리'
정권하에서는
때마침
흉작과 불황으로
보수당의
주요 지지층인
지주들의 불만이
커지고 있었다.

영국은
남하정책을 펴는
러시아가
인도에 육박해
오는 것을 경계했고

애초에
군사력을 사용해
아프가니스탄을
무리하게 우리 나라의
보호국으로 만드는
일이 있어도
된단 말입니까?

국내
정치를
이렇게
소홀히
해도
되는
것인가!

여러분의
세금이
저 멀리
아프간
전쟁에
버려지고
있습니다.

아프가니스탄을
정복한 다음
러시아에 대한
방어벽으로 삼기
위해 아프간
전쟁을 벌였다.

역시
믿을 수
있는 건
글래드
스턴
밖에 없어!

맞는 말이다!
쓸데없는 지출을
더 이상
못하게
해야 한다!

서둘러
본사에
전달
해야겠어.

지금
바로
전신을
보내자!

굉장한
열기다.

와아

오오소

1880년 3월, 총선에서는 자유당이 압승해

제2차 글래드스턴 내각이 성립되었다.

글래드스턴의 정권 비판 연설에 청중들은 열광했고

신문사도 이를 전국에 보도했다.

이 선거운동은 제2차 선거법※ 개정으로

유권자가 된 도시 노동자에게 호소하는 것이었다.

※ 1867년 개정

대중이 정치를 움직이는 시대가 온 건지도 모르겠군…

글래드스턴의 승리는 대중의 열기와 그것을 뒷받침한 신문의 힘이 있었기에 가능했던 거죠.

음…

19세기 중반부터 본격적으로 그리스도교 포교와 내륙 탐험이 이뤄지면서

아프리카는 열강 국가 간 세력권 확장 경쟁의 타깃이 된다.

이 시기의 제국주의 국가들이 비상한 관심을 가진 곳이 바로 아프리카였다.

글래드스턴 수상은 '팽창주의'에 반대했지만 영국군은 이집트에서 발생한 아라비 혁명[1]을 계기로 출병했다.

한편 프랑스는 알제리와 튀니지를 보호국으로 삼아, 홍해의 출입구인 지부티를 획득했으며, 프랑스령 콩고까지 건설하면서

지부티

파쇼다

프랑스령 콩고

※1 1881년에 열강의 지배에 반발한 아라비 대령이 일으킨 혁명 운동

아프리카 대륙을 횡단하듯이 진출했다.

이후 영국은 아프리카 남단의 케이프 식민지와 이집트를 연결하기 위해 아프리카 대륙을 종단하며 지배권을 넓혀간다.

영국

프랑스

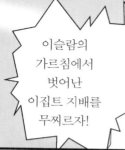

이슬람의 가르침에서 벗어난 이집트 지배를 무찌르자!

나야말로 신에 의해 올바르게 인도된 마흐디[2]

이에 반해 아프리카 대륙에서는 이슬람교 지도자를 중심으로, 국가를 건설하려는 세력이 등장한다.

무함마드 아마드

※2 이슬람교에서 구세주를 뜻함

민족의 해방을 요구하는 무슬림[3]의 봉기가 일어났다.

지난 60년간 이집트의 지배하에 있던 수단에서

1881년

※3 이슬람교의 가르침을 믿는 사람들

1882년, 이집트를 사실상 보호국으로 삼고 있던 영국[4]은 마흐디군의 기세 앞에

수단은 포기하고 현지군을 신속히 철수 시키시오.

수단에서 철수 하기로 결정했다.

글래드스턴

세금만 밝히는 이집트 정부를 몰아내라!

이집트는 불신자다!

마흐디 운동은 기세를 더해갔다.

※4 영국은 이집트를 통해 수단도 보호 하에 두고 있었음

하르툼
수단의 수도

고든은
청나라의
'태평천국
운동'[1]
진압에
공헌한
군인으로

※1 1851년~1864년 홍수전을 중심으로 일어난 중국의 농민 운동

영국
정부는
수단을
포기하라고
하지만…

내가
무력으로
마흐디군을
진압하겠어!

영국은
이에 대응하기
위해 '고든'을
수단에
파견했다.

찰스 고든
영국 군인
전 수단 총독

마을은
포위되고
만다.

수단 총독을
지낸 경험도 있어,
철수가 아닌
진압을 시도했지만

그게
무슨
소린가?

고든 장군이
수단에서
궁지에
빠져 있다고
합니다!

편집
장님!

런던

고든을 빨리 구해 줘요.

수상은 뭘 하고 있는 거지?

미디어는 연신 고든을 구출해야 한다는 여론으로 들끓었다.

고든은 영국의 영웅이야.

이거 큰일 났는걸.

결국 지원군을 보냈지만, 제때 도착하지 못해 고든은 전사했다.

또 군대를 파견하게 생겼잖아.

철수를 위해 파견했는데 고든 자식 정부 명령을 무시하다니 ….

수단은 마흐디와 그의 후계자에 의해 통치되었고, 영국의 남하정책은 마흐디 국가를 앞에 두고 정체된다.

결국 글래드 스턴 내각은 총사퇴를 하게 되었다.

국민들의 불만과 '아일랜드 문제'[※2] 등이 맞물려

책임 져라!

뻔히 보고도 고든을 죽이다니.

※2 영국 지배 하의 아일랜드와는 종교 문제뿐만 아니라 농지 소유를 둘러싸고 '토지 전쟁'이 벌어지고 있음

1884년~1885년, 14개국이 모여 '베를린 서아프리카 회의'를 열었다.

콩고 분지에서 행해지는 각국의 자유무역과 콩고 강 자유항행을 인정하며

해당 지역은 '레오폴드 2세' 폐하가 이끄는 '콩고 국제 협회'의 통치 하에 들어가는 것으로 결정합니다.

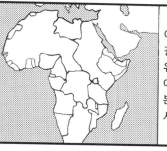

이 회의의 결과를 토대로 유럽 국가들의 아프리카 분할이 본격적으로 시작되었다.

콩고는 사실상 레오폴드 2세의 사유지나 다름없는 거잖아.

콩고 자유국…? 이름은 그럴싸하지만 레오폴드 2세가 개인적으로 조직한 것이겠지.

아프리카 분할의 원칙

① 유럽인의 활동이 보장된 점령지만을 나라로 인정한다.
② 아프리카 영토를 먼저 점령해 지배권을 차지한 열강이 영유권을 가진다.

누구 맘대로….

왜 우리 나라를 너희 멋대로!

각 나라는 회의에서 결정한 내용을 준수하고

아프리카 대륙에 진출할 때는 문서에 조인※한 모든 열강들에 통고하기로 합니다.

※ 조약의 당사국이 조약 문서에 서명하는 일

고무 채집에 반발한다면 손발을 잘라버리겠다!

현지 주민의 강제노동 관리 과정에서 손발을 절단하는 등, 벨기에 왕의 부도덕함은 유럽에도 전해졌다.

고무 채집량이 왜 이렇게 적어!

상아도 모자라!

그 결과 **콩고 자유국**에서는

경제적 이익을 최우선으로 상아와 천연고무 채집이 강요되었다.

국왕의 사유지 같은 곳이라서 의회도 참견할 수가 없어.

돈벌이를 위해 손발을 자르다니 아무리 상식이 없기로서니!

편집장님.

콩고 현지 주민들에 대한 벨기에의 착취가 심한 것 같아요.

관대? 정말일까…?

그런 점에서 우리 영국 제국의 지배는 관대하지.

현지 주민의 문명화도 촉진하고 있고 말이야.

콩고에서 유럽으로 대량의 고무를 실어가는 배가

벨기에에서 올 때는 무기만 싣고 돌아왔어.

이상 하군...

벨기에 항구

콩고의 참상을 눈치채고 집요하게 조사를 하며 규탄한 사람은

해운회사의 직원이자 언론인이었던 '에드먼드 모렐'이었다.

벨기에 왕에 의한 착취는 현지 주민에게 비극만 낳을 뿐이다!

모렐의 활동으로 비난의 목소리가 높아져만 갔다.

RED RUBBER
THE STORY OF THE RUBBER
SLAVE TRADE ON THE CONGO

E.D.

그는 소설 『붉은고무』를 집필해 벨기에 왕을 비판했다.

더욱이 당시 큰 발전을 이뤘던 보도 사진이 그 실정을 다루면서 개혁이 요구되자

강제 노동까지 금지하지는 못했으나, 벨기에 의회의 결의로 잔혹한 형벌은 사라졌다. 콩고에서는 근대적인 식민지 통치가 지향되었다.

1908년, 레오폴드 2세는 사유지인 콩고 자유국을 벨기에 정부의 식민지로 삼았다.

비스마르크가
신황제
'빌헬름 2세'와의
대립 끝에
은퇴를 하자
외교 방침은
전환되었고,

한편 독일은 당초
'비스마르크'의
방침으로
영토 확대와
식민지 정책에
소극적이었으나

우리 독일은
세계 제국이
될 것이다!

이제부터는
해외 영토
획득에
나서겠다.

'세계정책'
이라고
불리는
대외 팽창
정책에
착수했다.

빌헬름 2세
독일 황제

독일은
러시아와의
중립 관계를 유지하는
'이중보호 조약'
갱신을
거부한 것 같네.

그 조약에는
프랑스를
고립시키기 위해
러시아의 접근을
막는 역할도
있었는데….

런던의 신문사

더 많은
식민지를 얻어
독일을
'햇볕 좋은 곳'에
두어야 한다.

우리는
식민지
획득
경쟁에서
뒤처져
있다.

역시…!!

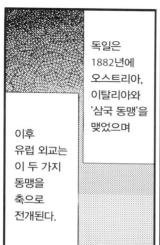

독일은 1882년에 오스트리아, 이탈리아와 '삼국 동맹'을 맺었으며

이후 유럽 외교는 이 두 가지 동맹을 축으로 전개된다.

프랑스는 1870년, 프로이센-프랑스 전쟁에서 독일에 패한 이후 동향을 경계하고 있다가

이를 계기로 러시아와 프랑스는 1894년에 '러프 동맹'을 맺었다.

러시아와의 동맹을 통해 관계를 형성하고자 한 것이군요.

결국 전쟁이 일어나는 걸까요?

프로이센-프랑스 전쟁을 끝으로, 평화가 지속되고 있었는데

지금까지는 비스마르크가 각국의 이해관계를 조정했지만

독일이 이렇게까지 노골적으로 영토 확대를 노릴 줄이야.

사, 상관 없어요.

마이크는 결혼을 눈앞에 두고 있으니까 지금 전쟁이 발발하면 신혼 여행도 곤란하지. 가야 하잖아.

1897년에는 선교사 살해 사건을 구실로 산둥성의 '교주만'을 점령※했다.

※ 이듬해인 1898년에 조차지로 삼음

독일은 이미 아프리카와 남태평양에서 식민지를 획득했고 청일 전쟁 후에는 중국 진출을 본격화했다.

먼 바다를 항행할 수 있는 대형 선박 함대가 필요합니다.

알프레트 티르피츠
독일 해군 제독

현재 우리 독일 제국은 프랑스를 가상의 적으로 한, 근해용 함대밖에 보유하고 있지 않습니다.

식민지 확대를 도모한다면 우리의 적은 영국.

1898년, 독일에서는 최초의 함대법이 제정되면서 해군의 대확장 정책이 시작되었다.

옛!

좋다. '티르피츠' 자네가 해군 제독을 맡고, 함대를 증강하라!

이를 계기로 영국 역시 전함 건조를 강화했다.

여기에 반발한 나라가 영국이다. 그때까지는 프랑스와 러시아에 대항해야 할 필요성이 있었기 때문에 독일에 우호적이었으나

영국 조선소

영국 해군의 명장 '피셔'는 1904년, 해군 수장에 취임하자

영국 제국 해군의 우위를 빼앗겨서는 안 된다!

존 아버스넛 피셔

독일과 영국 사이에는 팽팽한 긴장감이 감돌았다.

이렇게 양국의 '건함 경쟁'이 시작되면서

대형 함선과 새로운 장비 건조를 추진했다.

43

체임벌린은 자유당에서 각료를 지낸 뒤

아일랜드 자치에 반대하며 자유당을 탈당하고 자유통일당을 결성한 인물이다.

조지프 체임벌린
영국의 정치가

1895년, 식민지 장관이 된 '체임벌린' 통치 시기에

영국의 제국주의 정책은 더욱 공고하게 전개되어 간다.

사회 복지를 더 두텁게 만들어야 할텐데….

그는 애초부터 빈곤 문제에 많은 관심을 기울였으며 사회주의적 이념을 가지고 있었다.

도시와 농촌 노동자들 사이에서 정치 운동이 활발해지는 것을 본 체임벌린은

제2차 및 제3차 선거법 개정에 따라 유권자는 늘어났으나

여성에게도 참정권을!

터무니 없이 낮은 임금을 올려라!

점차 제국주의를 이용해 체제 유지를 도모하게 된다.

그래! 식민지 확대를 통해 얻을 수 있는 이익을 대중의 사회 복지에 쓰는 거야.

노동자들은 정권에 불만이 가득해.

이대로 가면 나라가 산산조각이 나버릴 지도 몰라….

체임벌린은 1903년까지 식민지 장관으로서 적극적인 제국주의 정책을 취하며

위대한 제국에 대한 자부심으로 국민의 마음을 모았다.

영국인 이야말로 세계에서 가장 위대한 민족입니다!

광대한 영역을 통치하고 있다는 사실만으로 영국인의 위대함은 입증된 것입니다!

말 한번 잘한다, 체임벌린!

이 시대,
영국을 대표했던
권위의 상징이 바로
'제국의 어머니'
'빅토리아'
여왕이었다.

1897년,
빅토리아 여왕
즉위 60주년
기념식이
개최된다.

제국 각지에 주둔한
영국군 부대가
지역마다의
민족 의상을 입은 채
퍼레이드를 했고

사람들은
영국 제국의
팽창과 위세를
눈앞에서 지켜보며
제국에 대한
애국심을 높여갔다.

마이크, 이것도 예쁘다. 어때?

여왕 폐하의 초상이 그려진 물건이나

여왕 폐하의 초상 사진은 어떠세요?

그러면 그것도 주세요.

자, 잠깐.

폐하의 초상 사진이 불티나게 팔리고 있어요.

빨리 안 사면 없습니다.

폐하를 좋아하고 공경하는 국민들의 마음이 점점 더 커지고 있네.

사람들은 여왕에 대한 열광과 함께 위대한 제국의 일원이라는 만족감을 느끼고 있었다.

그 무렵부터 여왕의 초상이 그려진 기념품이 만들어지기 시작했다.

1898년, 영국은 중국의 여순과 대련을 조차※한 러시아에 대항해 산동반도의 위해를 조차했고

영국의 식민지 정책은 더욱 확대되고 있었다.

대련 (다롄)

여순 (뤼순)

산동반도 (산둥반도)

위해 (웨이하이)

영국 식민지

멈춰 있던 우리의 남하 정책을 추진 하겠다!

아프리카 대륙의 '수단' 영토에 대한 권리를 주장하면서 마흐디 국가에 공격을 퍼부었다.

키치너
영국 이집트군 사령관

※ 한 나라가 다른 나라의 영토를 빌려 통치하는 일

마흐디 국가를 밀어붙여, 마침내 수단 남부에서 무찔렀다.

철도 부설을 통해 물자 보급을 원활하게 추진하며

영국군과 이집트군은 최신 무기로 무장하고

영국 병사

영국군이 오고 있어!

영국군과 프랑스군이 '파쇼다' 마을에서 조우한 것이다.

그런데 1898년 9월에 뜻밖의 사태가 벌어진다.

도대체 왜 프랑스군이!

프랑스 병사

파쇼다 마을
수단 남부

분명히 프랑스는 콩고에서 나일 강 상류를 향해 나아가고 있다는 정보를 들었는데…

어떻게 된 거예요?

영국군과 프랑스군이 수단에서 접촉을?

런던의 신문사

설마 전쟁이?!

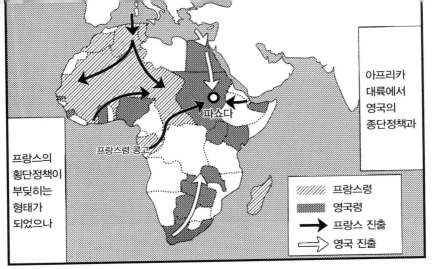

아프리카 대륙에서 영국의 종단정책과

프랑스의 횡단정책이 부딪히는 형태가 되었으나

파쇼다

프랑스령 공고

/////// 프랑스령
▓▓▓ 영국령
➡ 프랑스 진출
⇨ 영국 진출

프랑스 군은 어째서 양보한 걸까요?

이것이 '파쇼다 사건' 이다

본국으로 부터의 지시다. 철수한다!

프랑스 정부가 철수를 결정하면서 사태는 수습되었다.

아니, 최근에 있었던 '드레퓌스 사건' 때문이겠지.

얼마 전에 일어난 '블랑제 사건'※1 때문이죠?

국내에서 여러가지로 어수선하니까 여력이 없었겠지.

독일의 동향도 있겠지만

※1 1889년, 군부 등이 공화제 전복을 기도한 사건. 주모자인 블랑제 전 육군 장관의 망명으로 수습됨.

제대다!

1984년, 유대계 프랑스 육군 대위 '알프레드 드레퓌스'가 독일의 스파이 혐의로 체포되었다.

전혀 모르는 이야기다! 나는 결백하다!

내가 무엇 때문에 독일에 정보를 흘린단 말인가!

이것이 드레퓌스 사건이다.

배신자

역시 유대인은 믿을 수 없군.

그리스도를 죽이는 이방인※2은 프랑스 국민이 될 수 없어.

프로이센-프랑스 전쟁 패배 이후, 프랑스 국민들은 독일에 대한 복수심을 날로 키워 가고 있는데….

※2 디아스포라. 유대인을 가리킴

드레퓌스는 비공개 군법회의에서 반역죄로 유죄 판결을 받고 프랑스령 기아나 앞바다의 '악마의 섬'으로 유배되었다.

반유대주의가 확산되고 있었다.

당시 프랑스를 비롯한 유럽 각국에서는 유대인과 유대교를 차별하거나 박해하는

어떻게 해서든지 이 문제는 덮어야 해.

이제 와서 드레퓌스가 무죄라고 밝히면 군의 권위가 땅에 떨어지게 될 거야.

그러나 그로부터 2년 후인 1896년에 진범이 드러난다.

그 후 영국으로 도망가고 말았다.

결국, 진범은 형식적인 재판 끝에 무죄를 받아 석방 되었고

나는 고발한다
에밀 졸라의 호소

졸라는 강한 어조로 정부와 군부를 비난하는 공개서한을 신문에 발표했다.

드레퓌스에 대한 스파이 혐의 유죄 판결은 누명이다.

이 사건의 부정에 목소리를 높인 작가가 있었다.

정말 끔찍하군!

나는 정부와 군부를 고발하겠어!

에밀 졸라[*]

[*] 자연주의 작가. 파리의 하층 노동자를 다룬 「목로주점」이 대표작

프랑스 군의 명예를 손상 시키지 마라!

그는 유대인이야! 우리 프랑스는 가톨릭 국가다!

군의 대응을 지지하는 보수파, 가톨릭 교회와의 격렬한 대립이 빚어지면서 프랑스는 크게 흔들렸다.

드레퓌스를 옹호하는 학생, 지식인, 공화파와

드레퓌스는 프랑스 군인 이다!

우리와 똑같은 프랑스인 이라고!

군부는 그를 무죄로 인정하지 않고 대통령 사면으로 석방하는 데 그쳤다.

1899년, 드레퓌스는 프랑스 본국으로의 귀환이 허용 됐지만

53

드레퓌스의 명예는 아직도 손상된 상태야. 군도 보수파도 믿을 게 못 돼.

사실을 숨기다니 ....

1906년, 오랜 싸움 끝에 무죄 판결을 받아 명예를 회복했다.

그 후에도 계속해서 무죄를 주장하던 드레퓌스는

프랑스 정부는 가톨릭 교회의 개입으로 인해 드레퓌스 사건이 더욱 혼란했다고 판단해

1905년, 정교분리법을 통과 시켰다.

조지 클레망소
프랑스의 정치가

그해, 공화파의 '클레망소'가 총리에 취임하면서 프랑스 사회는 비로소 안정을 되찾았다.

영국
마이크 집

책 읽는 거야?

유대인에 대한 차별과 박해

반유대주의 움직임이 한층 거세졌다….

유대 국가…?

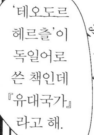

'테오도르 헤르츨'이 독일어로 쓴 책인데 『유대국가』라고 해.

아아, 이건 부다페스트 태생의 언론인

이는 이스라엘 국가 건설로 이어진다.

헤르츨은 드레퓌스 사건을 계기로 팔레스타인에 유대인의 국가를 만들자는 운동인 '시오니즘'을 제창했고

유럽에는 유대인들이 설 자리가 없다.

자신들, 유대인의 국가를 건설하고 싶다고 주장하고 있어.

55

아프리카는 나에게 엄청난 부를 가져다 주지.

남아프리카 일대에 영국의 광대한 식민지를 만들어야 하지 않겠어?

한편, 파쇼다 사건으로 수단을 손에 넣은 영국은 더욱 남쪽으로 내려가 아프리카 남부에서의 세력 확대를 노리고 있었다.

로디지아

여기서 주도권을 잡은 것이 남아프리카에서 다이아몬드 채굴에 성공한 사업가 '로즈'였다.

1889년에 설립된 영국 남아프리카 회사는 남동아프리카 지역의 광대한 땅을 획득했고, 로즈의 이름을 따서 '로디지아'라고 불렸다.

세실 로즈
영국의 제국주의 정치가

케이프 식민지부터 이집트까지를 영국 제국의 지배지로 묶어 아프리카 대륙 종단을 완수하자!

이집트 카이로

남아프리카 케이프타운

로즈는 막대한 부를 배경으로 케이프 식민지[1]의 정계에 진출해 1890년, 총리가 되었다.

※1 1814년 빈 회의에 의해 네덜란드령에서 영국령이 됨

다음 타깃은 '트란스발 공화국'과 '오렌지 자유국'이다!

이 두 나라는 영국의 지배에 반발해 케이프 식민지에서 이주한 네덜란드계 보어인[2]들이 건국했다.

※2 케이프 식민지의 네덜란드계 백인을 뜻하는 말

보어인들은
흑인 노예를
사용했기 때문에
그것도 영국의 지배에
강하게 반발하는
이유 중 하나였다.

그런 나라의
지배하에서는
작업에
노예를
쓸 수 없어.

영국은
노예
제도를
폐지하고
있어.

그러나 강압적인
방식으로 인해
비판이 쏟아졌고,
로즈는
이 일 때문에
실각하고 만다.

로즈는
그것을 노리고
병합을 꾀한다.

1860년 이후,
두 나라에서는
금광과
다이아몬드 광산이
잇따라 발견되었다.

1899년,
영국과 보어인은
남아프리카의
식민지화를
둘러싸고
'보어 전쟁'을
일으킨다.

그 후, 영국 정치인
'체임벌린'이
로즈의 뒤를 이어
식민지 장관에
임명된다.

보어인에게 포위되어 있던 남아프리카의 도시 '마페킹'에서 영국군이 이기자 사람들은 일제히 환호했다.

마페킹 해방!

호외요!

영국에서는 전쟁 상황이 크게 보도되는 가운데,

'베이든 파월' 대령이 8백 명의 규모로 8천 명의 포위군을 상대하며 7개월이나 버텼다는군.

영국 군인의 귀감이야.

베이든 파월 대령의 활약!

올 가을부터 고전을 면치 못하던 마페킹이 마침내!

NEWS

마페킹에서

우리 언론인들의 역할을 실감 했습니다!

여태껏 한 번도 아프리카에서 일어나는 전쟁에 이렇게나 열광했던 적은 없었어.

전부
연행해!

그 후에도
보어인의
저항에
애를 먹은
영국군은

너희들은
모두
강제수용소
행이야!

죄다
태워
버려!

각지에서
그들의 가옥과
식량 등을
불태워
굴복시키려
했다.

보어 전쟁은
영국이 다이아몬드와
금이라는 자원을
획득하기 위한
제국주의 전쟁이었다.

여왕 폐하가 돌아 가셨어.

1901년 1월 영국

이게 무슨 일이야.

세계 각지에 가장 많은 이름을 새긴 여성, 빅토리아 여왕이 서거했다.

오스본 하우스
영국 남부의 와이트섬

64년에 이르는 치세는 산업혁명을 통한 경제 발전과 7개의 바다를 지배하는 패권을 자랑했다.

영국 제국 번영의 시대였다.

61

여왕의 죽음을 애도하기 위해 장례식에는 여왕의 손자인 독일 황제 빌헬름 2세 등

세계 각국의 군주들이 참석했다.

요즘 건강 상태가 좋지 않으시다는 얘기는 들었지만….

한 시대의 막이 내렸군.

여왕 폐하께서 돌아 가셨다니 …

믿을 수가 없어요.

훗날
자신들이
제1차
세계대전에서
편을 나눠
싸우게
될 줄은….

여왕의
장례식에
참석한
군주들은
그 누구도
예상하지
못했다.

남아프리카 전쟁은
종결됐지만,
현지인 입장에서 보면
영국인과 보어인 모두
같은 침략자임에는
변함이 없었다.

1902년,
트란스발 공화국과
오렌지 자유국은
강화 조약을 맺어
영국의
식민지가 된다.

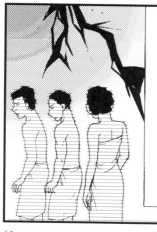

이후 영국은
남아프리카의
식민지를 통합하고
남아프리카
연방을 성립시켜
비백인을 차별하는
인종 차별 정책,
'아파르트헤이트'를
펼치게 된다.

어느 나라와도 동맹 따위 맺지 않겠어!

막강한 군사력과 압도적인 경제력을 가진 우리 영국 제국은

그동안은 유럽의 최강국으로서 '영광스러운 고립'을 자랑스럽게 생각하던 영국이었으나,

주변국에서 다국간 동맹을 맺어 열강 사이에도 진영이 나뉘게 되자

자국의 힘만으로는 대항할 수 없는 상황이 전개되기 시작한다.

러시아

독일

오스트리아

이탈리아

프랑스

어느새… 우리도 어서 동맹 상대를 찾아야겠어.

1894년 러프 동맹 체결

1882년 삼국 동맹 체결

그 무렵 극동에서는 러시아가 동아시아 진출을 노리고 있었다.

우리 도!

누구 마음 대로…

러시아

진출 할래!

청

일본

우리 나라 최초의 군사 동맹이며 이해 관계도 일치하는군….

일본과 손을 잡으면 러시아에 대항할 수 있겠어.

러시아의 남하를 막고 싶었던 영국은

1902년 영일 동맹 체결

일본 측

영국 측

이윽고 1904년, 일본과 러시아는 러일 전쟁에 돌입한다.

러시아는 남하해 한반도로 진출하려 했다.

이러한 움직임에도 불구하고

그러나 영국의 방해와 제1차 러시아 혁명으로 인해 국내 정세도 불안했던 탓에

1905년, 러시아는 패배한다.

러시아

우리 러시아와 청이 손을 잡고 일본과 싸우면, 일본의 동맹국※인 영국이 참전하겠지.

뭐, 러시아의 힘만으로도 일본은 충분히 이길 수 있다.

※ 영일 동맹에는 2개국 이상의 나라와 전쟁이 벌어졌을 때, 서로 참전한다는 조항이 있음

그 무렵 영국은
케이프타운,
카이로,
캘커타를 잇는
'3C정책'[1]을 통해

아프리카 대륙을
남북으로 종단해
영국령
인도 제국으로
가는 길을
구상하고 있었다.

카이로

캘커타

케이프타운

영국

※1 세 도시의 머리글자 'C'를 따서 붙여진 호칭

한편
'세계정책'을
내건 독일은
대외 진출을
적극적으로
펼치며

베를린

비잔티움
(이스탄불)

바그다드

베를린, 비잔티움,
바그다드를
철도로 연결하는
'3B정책'[3]을
전개했다.

중근동[2] 방면에서
철도 건설과
항만 정비를 추진해
우리의 이익을
올려야 한다!

독일

※2 중동과 근동. 북아프리카와 서아시아를 포함하는 지역
※3 세 도시의 머리글자인 'B'를 따서 붙여진 호칭

영국은 독일의 세력 확장에 대항하기 위해

프랑스를 비롯해 식민지 획득을 둘러싸고 오랫동안 대립했던 러시아와도 관계를 개선했다.

1904년 영프 협상 체결

한편, 이러한 대립을 넘어 국제적인 연대와 평화를 요구하는 움직임도 피어났다.

그렇게 독일은 점차 고립되어 갔다.

1907년 영러 협상 체결

그리스 아테네
파나티나이코 경기장

그것은 바로
1896년, 프랑스인
'쿠베르탱'의 제안과
노력으로
아테네에서 열린
'제1회 근대 올림픽'
대회였다.

국제적인
올림피아 경기회를
개최해,
스포츠 교류를
중심으로
국제 친선을
돈독히 다지고
싶습니다!

쿠베르탱

저는 영국의 교육에서
스포츠의 중요성을 배웠고,
독일 고고학자들의
고대 올림피아 유적 발굴에
감명을 받았습니다!

편집장님,
엄청난
인파네요!

나랑
떨어지지
않게
조심해.

68

또한 1899년, 네덜란드 '헤이그'에서는 러시아 황제 '니콜라이 2세'의 제창으로 '제1회 만국평화회의'가 개최되었다.

우리 나라도 포함해, 세계는 전쟁과 분쟁이 넘쳐나고 있소.

평화적 해결을 모색하는 국제 회의가 필요합니다.

도덕적 행복에 있어서도 매우 바람직합니다.

군비 축소는 인류의 물질적인 면과

니콜라이 2세
러시아 황제

이들은 유독성 가스 사용 금지 조항이나 포로 관련 조항 등 전쟁 법규를 정의한 '헤이그 육전 조약'에 합의했다.

이 회의에는 세계 28개국이 참석했으며

여기에 대항해 평등한 사회를 실현하려는 사람들이 국경을 넘어 연대하면서 '사회주의 운동'과 '노동 운동'이 태동한다.

공업화가 진행되며 수입의 격차가 드러나기 시작했고, 자본주의로 인해 노동 조건이 불평등해졌다.

또한 국제적으로 새로운 바람이 불었다.

우리 사회주의자들이 의회에 더욱 적극적으로 참여해 정치를 바꾸자!

"8시간 노동 8시간 8시간

국제적인 노동 조합을 조직합시다.

노동 시간을 8시간으로!

노동 조건의 개선과 사회보험 제도를 국제적으로 요구하자.

사회주의와 공산주의를 지향하는 정치 운동이 활발해지자

마르크스
독일의 경제학자·철학자·혁명지도자

1864년 런던에서 '마르크스'의 주도로 결성된 국제노동자협회 '제1인터내셔널'은 1870년대에 해산했으나,

이들은
사회주의 정당을
주축으로
'제2인터내셔널'
이라 불리는
국제연대 조직을
결성했다.

만국의
노동자여
단결하라!

대부분
독일의 사회민주당,
프랑스의 사회당,
영국의 노동당을
비롯한 사회주의·
공산주의 진영의
노동자들이었으며

1889년, 파리에서
프랑스혁명 100주년
기념일에 20개국,
4백여 명 이상의
인파가 모였다.

노동자의
해방과
사회주의
실현을
내세우며
제국주의
전쟁에
반대했다.

국경을 넘어
연대한
노동자와
사회주의자들은

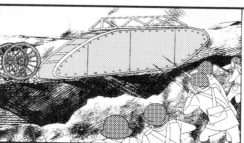

1914년에 일어난
제1차 세계대전의
영향을 받아
활동이 중단된다.

하지만
올림픽 대회나
만국평화회의와
마찬가지로

세계를 나누기 위해 열강은 서로 경쟁했고,

19세기 후반은 제국주의의 시대였으며 영국의 시대였다.

지난 몇십 년 동안 다양한 기사를 실어 왔구나.

런던의 신문사

전쟁은 갈수록 심해질 뿐이야.

어쩌면 앞으로 사상의 대립으로 인한 전쟁이나 세계적인 규모의 전쟁을 벌이는 시대가 올지도 모르겠군.

산업이 발전함에 따라 더욱 강력하고 더 많은 양의 무기가 생산되었다.

브라이언 편집장님

오늘이 마지막 날이네요.

작은 싸움이 큰 싸움으로 이어지지 않으면 좋으련만.

뒷일은 자네들에게 맡기지. 기대하고 있겠네.

언론에 종사하는 사람으로서, 앞으로도 사람들에게 사회의 현실을 알리겠습니다.

새로운 편집장이 됐으니 다음은 마이크 자네 차례야.

스트레스로 더 이상 빠질 머리카락도 없구면 그래.

지금까지 감사 했습니다.

그렇게 세계는 격동의 20세기를 맞는다.

[잠깐!] 브라이언과 마이크 및 주변 인물들은 역사상 실존 인물이 아닙니다.

73

지중해

1900년

(영국과 이집트의
공동 통치령)

	영국령
	영국 보호국
	프랑스령
	러시아령
	오스만 제국
	기타 국가의 식민지

중동 각국은
영국, 프랑스, 러시아를
비롯한 열강에게
군사적 · 경제적
침략을 받고 있었다.

영국   프랑스   러시아

이러한 이유로
중동의 현황을
개선하려는
움직임이
각지에서
일어났다.

이란   오스만 제국   이집트

정말 이대로 괜찮습니까?

유럽인들은 뛰어난 기술과 새로운 사상, 정치 체제로 무슬림을 압박하고 있습니다.

어떻게 대응하면 좋을지….

1850년경 이란

마드라사
이슬람 학교

하지만 『쿠란』이 신으로부터 주어져 순나가 성립된 시대에는 전신이나 증기선이 없었고

유럽인들은 큰 세력을 가지고 있지 않았습니다.

우리들은 새로운 시대에 맞는 해석을 해야 하지 않겠습니까?

아프가니

아니다. 어디까지나 『쿠란』과 순나*¹에 적힌

선인의 해석에 따라 대처해야 한다.

※1 무함마드가 제시한 범례

『쿠란』에는 '참으로 신은 사람이 스스로 바꾸지 않는 한, 결코 사람들을 바꾸지 않는다'[2]라고 되어 있습니다.

노력과 변화의 중요성을 강조하고 있는 것이 아닙니까?

무슬림은 모든 운명이 신에 의해 정해져 있다.

뭔가를 개혁할 필요는 없다.

※2 『쿠란』 제13장 11절

지금까지 해왔던 그런 생각으로는 무슬림의 고통을 끝낼 수 없습니다!

잘못된 것은 유럽인! 그들이 타락하고 있는 것이다!

…웃!

우리는 선인의 해석에 따르면 되는 것이다!

그런 생각은 이단이니라!

79

낡은 해석만 지키고 있다간 유럽인에게 뒤처지고 말거야.

당연히 『쿠란』과 『하디스』※2는 불변의 것이야.

무슬림을 이렇게 만든 건 결국 울라마※1들이지 않나?

※1 이슬람 지식인
※2 무함마드의 언행이 담긴 전승록

전통적인 견해에 의존하지 않는 독자적인 이론 말이야!

하지만 시대에 맞는 새로운 해석이 필요해

그러려면 먼저 우리의 적인 유럽에 대해 배워야 해.

해야 할
일은
많아!

하는 거야!
나는
해낼 거야!

이렇게 해서 아프가니는
기존의 울라마와는
차원이 다른 발상으로
새로운 사상을
추구해 나가게 된다.

인도의 항구

부─웅─

1857년, 아프가니는 인도를 방문했다.

여기가 인도 인가…

이슬람 왕조가 지배하는 무굴 제국 덕분에 무슬림의 수는 늘어났지만

지금은 영국에 의해 식민지화가 진행되고 있군….

영국인의 지배하에서 살고 있는 무슬림의 모습은

곤경에 처한 전 세계 무슬림의 모습과 겹쳐 보였다.

유럽인들은 무슬림을 인간이라고도 생각하지 않아!

어디나 똑같아….

유럽의 정치, 경제, 학문, 사상, 제도를 배우고 그걸 통해서 입장을 역전시킬 무기를 반드시 손에 넣고야 말겠어.

유럽인을 이기려면 전 세계의 무슬림이 단결해야 해!

그들이 쓰는 '엔필드총'을 장전하려면

'동인도회사'의 지배가 이어지는 가운데 그들에게 고용된 현지인 용병을 '세포이'라고 불렀다.

1857년 인도 북부 메라트

시바신과 난딘(황소)

이슬람교에서 돼지는 절대 먹어서는 안 되는 동물로 여겨진다.

힌두교에서 소는 성스러운 동물이고,

탄약을 싼 종이 부분을 이로 물어 찢어야 했는데,

그 종이에 돼지나 소기름이 발라져 있다는 소문이 돌았다.

여기에 농민과 영주까지 가세해

힌두교도와 무슬림이 손을 잡는다.

영국과 싸우자!

양쪽 모두에게 견디기 힘든 이 일을 계기로

84

인도의
첫 독립운동※인
'세포이 항쟁'이
일어났다.

※ 1857년~1859년의
인도 독립운동

하지만
영국군은
이를
무력으로
진압했다.

저항해도
소용없다!

영국

인도

1858년,
무굴 황제가
유배를 가면서
무굴 제국이
멸망했다.

1877년,
빅토리아
여왕이
인도 황제에
오르면서

그 후, 영국은
동인도회사를 통한
통치 방식에
한계를 느꼈고,
직접 인도를
다스리기 시작한다.

인도는
영국의
완전한
식민지가
된다.

이런 일이
있어서는
안 돼!

독립운동 이후
영국은
인도인 포로를
잔혹한 방법으로
처형했다.

이럴
수가
…!

또한
폭력과
기아
문제가
확산되어
갔다.

잠자코
보고만
있다가는
다른 나라도
열강의
먹이가 되고
말거야…

무슬림이
단결해서

수단을
가릴
상황이
아니야.

식민지
지배에
맞서야
해!

아프가니는
인도 독립운동의
참상을 목격하고
영국의 식민지 지배에
대항하는 활동을
시작했다.

아프가니의 발자취

이스탄불
런던으로
테헤란
카불
바그다드
카이로
메카
봄베이

인도에서 독립운동이 일어난 지 14년이 흐른 1871년,

중동 각국을 순방 중이던 아프가니는 이집트로 향했다.

지금은 이집트 부왕※이 지배하고 있는 건가

그 무렵 이집트는 무함마드 알리 왕조가 지배하고 있었으나

※ 당시 이집트 왕에 해당하는 지위는 부왕(헤디브)이라 불렸음

1849년, 오스만 제국으로 부터 이집트를 독립시킨 '무함마드 알리'가 사망하면서 근대화 정책이 좌절된다.

1869년, 수에즈 운하가 완성되었으나 재정난으로 인해

무함마드 알리
무함마드 알리 왕조의 초대 군주

영국과 프랑스도 괘씸하지만 부왕도 한심하군!

부왕은 대체 뭘 하고 있는 거야!

서민, 현지 관료, 지식인들 사이에 불만이 쌓여갔다.

영국과 프랑스가 재정을 쥘 정도로 열강의 영향력이 강해져

정말이지 어느 나라나….

아프가니의 언동에 대해 이슬람교 보수파는 물론 영국 역시도 경계하고 있었다.

아프가니 자식 여기서 대체 뭘 할 생각인 거지?

아프가니를 감시하는 영국의 협력자

열강의 진출에 대항하기는커녕 오히려 종속을 강화하고 있습니다.

이집트 부왕의 전제 지배는

선생님! 이집트를 이 곤경에서 구하기 위해 어떻게 하면 좋을까요?

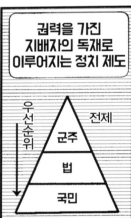

권력을 가진 지배자의 독재로 이루어지는 정치 제도

우선순위

전제

군주

법

국민

이런 정권은 바람직하지 않다.

이슬람의 전통을 버리고 유럽을 따라하는 건가요?

무함마드 압두
아프가니의 제자(이집트인)

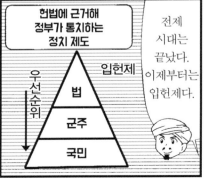

헌법에 근거해 정부가 통치하는 정치 제도

우선순위

입헌제

법

군주

국민

전제 시대는 끝났다. 이제부터는 입헌제다.

이슬람의 가르침에 어긋나지 않습니까?

하지만 그건

유럽의 강대국들은 모두 입헌제로 의회를 열고, 법이 군주 위에 존재한다.

사아드 자글룰
아프가니의 제자 (자글룰 파샤)

불필요한 것은 무능한 군주다.

과연…

아니, 『쿠란』에도 '합의(슈라)'를 존중해야 한다고 되어 있다.

이것은 의회와 다를 바 없을 것이다.

아프가니는 열강에 대항하지 않는 이집트, 이란, 오스만 제국 등의 정권을 열강과 동일하게 비판했다.

네!

유럽 모방이 아닌, 우리에게 맞는 입헌제와 의회 개설을 목표로 하시게나!

이집트 부왕 '테우피크'는 퇴위 시키고…

91

영국으로부터
아프가니의
이같은
주장을
전해 들은
이집트
부왕은
격분했다.

이런
무례한!

**무함마드
테우피크**
이집트 부왕

문제의
근원은
무기력한
군주들이다.

자,
다음은
어디로
갈까.

그래!

큰 맘먹고
유럽으로
가볼까?

네에?!

선생님…
원통
합니다.

으윽

으윽

영국과 이집트
모두 적으로 만든
아프가니는

1879년,
이집트를
떠난다.

휴우후

그러합니다.

장애물이 사라졌군.

아프가니는 떠난 건가….

적진 속에 뛰어들어 보는 것도 좋겠어.

씨익

좋아! 여기서 나의 입지를 군건히 하겠도다!

이집트 출신의 아랍계 관료와 군인들의 불만이 고조되고 있었다.

외지인 주제에….

우리기 협력하지 않았다면 이 왕조는 없었을 것이다!

그 무렵 이집트에서는 무함마드 알리 왕조의 권력을 지탱한 튀르크계 군인들이 높은 지위를 차지하고 있어

튀르크계

아랍계

바득 바득

이집트인을 위한 이집트를!

그는 영국과 프랑스 같은 외국인 지배로부터의 해방과

전제 정치의 타도, 입헌의회 설립을 요구했다.

1881년, 이집트인 '압두'는 '아라비' 대령이 이끄는 민족운동에 참가했다.

부왕은 아랍계 군인의 지위를 높여라!

아라비 대령(아라비 파샤)

압두

의회를 소집해 헌법을 제정할 것이다!

부왕은 외국의 지배에 대항하라!

마침내 아라비 대령은 군사를 이끌고 봉기했다.

와아아아아아

94

덜썩

와ー앗

전제정치 타도하라! 입헌제를 확립하고 영국과 프랑스를 몰아내라!

부왕 테우피크는 정권을 아라비 대령에게 맡겨야 한다!

하지만 이에 반해 영국은….

이집트인이 반란을?! 멋대로 날뛰지 못하게 본때를 보여주겠어!

부왕 테우피크는 1882년 2월, 정부의 수립을 허용했다.

이것이 바로 이집트 최초의 반식민지 운동인 '아라비 혁명' 이다.

이집트인을 위한 이집트를!

즉시 군대를 파견해
아라비군을 격파했고
이후, 이집트는
영국의 실질적인
식민지가 된다.

펑!

싸라!

그러나
'이집트인을
위한
이집트' 라는
구호와 함께

아라비 혁명은
이집트
민족운동으로
이어져 간다.

얼마 후
프랑스 파리에서
아프가니와
합류하게 된다.

1882년,
이 운동에
참여했다는
이유로
이집트에서
추방당한 압두는

아라비는
실론 섬에
유배되었다가
20년후
이집트로
돌아왔다.

교육이나 과학 등,
유럽 정신을
상징하는 모든 것에
적대감을 가지고
있습니다.

하지만
무슬림은
신에 대한
신앙에만
의지하기
때문에

이슬람
문명이
일찍이
번성했던
것은
분명합니다.

그 증거로,
이슬람
정통파는
과학과 철학을
탄압하고 있지
않습니까.

그리스와
페르시아의
과학을
계승했을
뿐이겠죠.

이슬람교의
역사에도
과학은
있었소!

당시
아프가니는
이슬람에 대한
유럽 국가들의
부정적인
평가를
정면으로
반박했다.

그리스도교보다
늦게 탄생한
이슬람교에도
변혁의
가능성이
있습니다!

그리스도교에도
종교적
무관용의
시대가 있었고

그 후
진보와
모든 과학을
중시하게
되었죠.

영국은
『강고한 연대』가
무슬림에게 끼칠
영향을 우려해,
인도와 이집트 등의
식민지로
유입되는 것을
막으려 했으나

이슬람
개혁
사상의
흐름은
멈출 수
없었고

무슬림의
맹주*이신
오스만 제국의
칼리파를
중심으로 뭉쳐

열강의
진출에
대항하자!

각지에
몰래 유입된
『강고한 연대』는
수많은
무슬림들 사이로
퍼져 나갔다.

※ 동맹이나 조직의 수장을 의미함

101

오랜만
이군….

이란은
그가
태어난
고향
이었다.

1886년,
아프가니는
이란을 지배하던
'카자르 왕가'의
샤한샤에게
초대를 받는다.

당시 이란은
러시아와의
영토 분쟁에서
두 번 모두
패전했다.

무죄

러시아의
영사 재판권을 인정함

거액의
배상금 지불

그 결과, 1828년
'투르크만차이 조약'이라는
불평등 조약을 맺는다.
이에 이란은
다른 나라와 마찬가지로
점점 거세지는
열강의 압력에 대응할
힘을 잃고 만다.

빚까지 지도록
몰아넣어
나라의 재산을
빼앗다니….

이집트를
집어삼킬
때와
똑같다.

재정 악화는
계속되었고,
지하자원
채굴권 등의
많은 이권을
열강의 자본에
넘기는 상황에
이른다.

이란 통치에 있어 선생님의 지혜를 빌리고 싶습니다.

초대해 주셔서 감사합니다.

선생님, 잘 오셨습니다.

테헤란
이란의 수도

나스르 알 딘 샤
이란 카자르 왕가 샤한샤

특히 영국에 의존하는 것은 너무 위험합니다.

열강에 이권을 제공하는 일도 멈춰야 합니다.

우선은 전제적인 국가 체제를 개혁해야겠지요.

뭐, 뭐라?

불쑥

놈이 비밀 집회에서 폐하의 정책을 비판하면서 폐하를 폐해야 한다고 주장하고 있습니다.

폐하!

아프가니와 알 딘 샤의 대립은 깊어져만 가고….

빠직

뭣이 라?!

이자식, 이대로 내버려 두면 안되겠군.

아프가니는 알 딘 샤를 두려워하지 않고 정부 비판을 계속했다.

왕가로부터 위험시됐던 그는 신변의 안전을 보장받을 수 있는 성묘(聖廟)※로 피신해 자신의 주장을 계속 펼쳤다.

알 딘 샤는 이 만남을 계기로 아프가니와의 관계를 거절했으나

무릇 군주라면 열강의 종속에서 벗어나야 한다!

열강에 저항하지 못하는 군주 따위 필요없다!

※ 당시 이란 주변에 있던 '성역'. 성자의 무덤과 같은 역할을 했으며, 이곳으로 도망치면 추궁을 피할 수 있다고 믿었음.

물론이다. 군주가 나라에 해를 끼친다면 몰아내는 것이 나라를 위한 길이다.

선생님.

군주가 개혁에 응하지 않을 경우에는 강제적으로 끌어내려도 됩니까?

레자 케르마니
아프가니의 제자

두 두 두

알겠습니다.

잡아라!

아프가니가 저기 있다!

선생님
...

나는 여기 있다!

폐하가 나를 꽤나 두려워하는 게로군.

금기를 어기고 군대를 성묘에 진입시키다니

105

너희들은 어서 도망 치거라!

살아서 이 나라를 바꾸는 불꽃이 되거라!

선생님의 뜻은 제가 기필코 이루 겠습니다 ….

그러나 이듬해 이란에서는 영국이 획득한 담배 이권을 둘러싸고 문제가 생긴다.

원래 음주를 금하고 있는 무슬림에게 담배는 최고의 기호품이었다.

이제야 속이 시원하군.

웅

1890년경, 아프가니는 오스만 제국으로 추방되었다.

106

뭐라고?
국내 상인들에게
맡기는 것보다
영국인에게
맡기면 돈을
더 벌 수 있다고?!

그런데 알 딘 샤는
유럽 여러 나라를
시찰하던 중에
영국인 투기꾼
'탈보트'에게 담배의
생산과 유통을
독점할 수 있는 권리를
팔아넘기고 만다.

더구나
이익의 일부는
폐하의 호주머니로
들어간대.

그게
정말
이야?

진짜
라니까.

말도
안 되는
소리!

담배 이권을
영국인이
독점하도록
해줬다고?

영국인에게
이권을 넘긴
알 딘 샤에
대한 분노가
이란 전역으로
퍼져나갔다.

시끌

시끌

시끌

영국인과
결탁해서
우리 장사를
방해하다니
도대체
누구를 위한
군주인가!

쉬라지 선생님께

이란의 국왕이 국토와 하천은 물론,
은행까지 모두 유럽인에게
팔고 있습니다.
담배 전매권 또한 마찬가지입니다.
쉬라지 선생님의 힘으로
이란 사람들을 도와주십시오.

아프가니

미르자 무함마드 하산 쉬라지
울라마

오스만 제국에 있던
아프가니도
시아파 신도들에게
영향력 있는
'울라마'에게 편지를 보내
시위 활동에
협력해 달라고 요청했다.

쉬라지는 국왕이
영국에 대한
이권 양도를
철회할 때까지
담배 사용을 금지하는
파트와[2]를 발표했다.

오늘부터
담배를
사용하는
것은

시대의 주인[1]에게
전쟁을 선포하는 것과
같은 행위다.

※1 : '지도자 이맘'의 제12대. 사람들은 '그가' 마지막 심판 때에 '구세주'로 재림할 것이라고 믿음
※2 : 권리를 인정받은 이슬람 법학자가 발표하는 권고이자 종교령

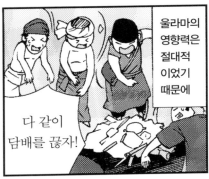

울라마의
영향력은
절대적
이었기
때문에

다 같이
담배를 끊자!

파트와의 내용은
당시 이란에
보급되기 시작한
전신망까지
동원되어
각지에 전해졌다.

1878년, 헌법이 폐지된 이후 황제 '압둘하미드 2세에' 의한 전제 지배가 계속되고 있었다.

아프가니가 1890년경부터 피신해 있던 오스만 제국에서는

오스만 제국

황제는 어지러운 내정과 열강으로부터의 압박을 극복하기 위해, 스스로를 이슬람교의 종교적 맹주, '칼리파'라고 선언했다.

또한, 무슬림들은 함께 일치단결해 열강의 식민주의에 맞서야 한다고 황제에게 호소했다.

예(予)※는 술탄이자 칼리파다.

황제의 생각은 아프가니의 범이슬람주의 사상과 비슷했다.

압둘하미드 2세
오스만 제국 칼리파

※ 아랍어로 '권위'를 의미하며 무슬림 정권의 통치자 칭호로 사용되었음

그는 국제적으로 지명도가 있었고, 무슬림이 오스만 제국을 중심으로 단결해야 한다고 주장한 것도

칼리파의 마음에 드는 부분이었다.

만나뵙게 되어 영광입니다.

그래서 압둘하미드 2세는 아프가니를 환영했다.

그러나

무슬림 정권에서도 입헌 정치를 도입해 유럽의 앞선 체제를 받아들여야 합니다!

두 사람의 의견은 서서히 대립되어 갔다.

지배자와는 매번 뜻이 안 맞는군….

이스탄불
아프가니의 집

선생님,
손님
오셨습니다.

이란
상황은
어떤가?

여전
합니다.

이게
누구야!
'케르마니'가
아닌가.

선생님,
오랜만에
뵙습니다.

이런 한심한…
내가 이란에
있었다면
마음대로
할 수 없도록
했을 터인데.
고향을 위해
일하지 못하는 내가
한심스럽구나!

일을 좀
하고
오겠습니다.

그러면
제가
선생님
대신

112

케르마니
….

마지막으로 선생님을 뵐 수 있어서 좋았습니다.

대체 이게 무슨 짓이냐!

1896년, 아프가니가 돌연 체포되었다.

철컥

이란의 샤한샤, 나스르 알 딘 샤가 당신 제자에게 암살됐다.

어디 해명해 보시지!

내가 체포될 이유는 없는 것 같은데….

케르마니 네가….

내 책임일세. 날 데려가게.

폐하의 통치를 비판할 뿐만 아니라, 아랍인 유력자와 뭔가를 꾸미고 있는 것 같습니다.

아니다….

즉시 이란에 인도해야 합니다.

아프가니를 잡은 건가….

그 녀석을 이용할 가치가 있어.

행동의 자유를 빼앗아, 타국과 접촉하지 못하게 하라.

아프가니는 전 세계 무슬림에게 영향력이 있다.

그 후 아프가니는 병에 걸리게 된다.

압둘하미드 2세는 아프가니를 유배보냈다.

녀석의 언동을 오스만 제국을 위해 쓰는 것이지.

저희들은 어찌해야 합니까!

선생님!

무슬림에게
필요한 것은
자기 나라를
<u>스스로</u>
개혁하는 것.

외적에
맞설 때는
일치단결해
협력할 것.

이슬람
교의
문명은
…

기독교
문명에
뒤지지
않는다.

이 두 가지가
합쳐지면
잠든 이슬람
세계는
눈을 뜨게
될 것이야…

반드시
…

116

담배 불매 운동이
일어났던
이란에서는
1905년 말에
대규모
반정부 운동이
발생했다.

불매 운동은
입헌제를 요구하는
운동으로 바뀌었으며
이듬해에
헌법이 공포되면서
이란은 입헌제 국가로의
변화를 맞는다.

부당
체포를
중지하라!

경제 정책
책임자는
지금 당장
물러나라!

이를
'이란
입헌 혁명'
이라고
부른다.

1908년, 오스만 제국 압둘하미드 2세의 전제 정치가 무너진다. 오스만 제국 군인을 중심으로 하는 '통일과 진보위원회'의 봉기에 의한 것이었다.

이로 인해 멈춰 있던 오스만 제국의 헌법인 '미드하트 헌법'도 부활한다.

압둘하미드 2세는 퇴위하라!

헌법에 근거한 입헌제를!

'청년 튀르크당 혁명'

무프티※1가 되신 것을 축하드립니다.

사아드 선생.

압두 선생님!

프랑스에서 아프가니와 함께 『강고한 연대』를 간행한 제자 압두는 이집트로 돌아와

스승의 가르침을 전파하며 더욱 심화시켜 나갔다.

※1 이슬람교의 종교 지도자. 파트와를 발표할 수 있고, 울라마를 지도하는 지위

저는 스승님의 가르침 덕에 모든 것을 알 수 있었습니다.

제 자신의 공적은 아무것도 없습니다.

스승님께서 틀림없이 기뻐하실 겁니다.

무프티가 되신 것은 내부로부터의 개혁을 가능하게 하는 것입니다.

'내부로부터의 개혁, 외부에 대한 단결'은 스승님께서 강조하신 말씀이지요.

독립을 위한 활동을 멈추지 않았고, 1922년 마침내 국권을 회복한다.

영국의 보호국이었던 이집트는

나도 힘내자!

이집트가 독립을 이루는 그날까지.

이 활동의 중심에 서서 '와프드당'※2을 이끈 인물은 아프가니의 제자 중 한 명인 '사아드 자글룰'이다.

그는 이집트 독립의 영웅으로, 초대 수상이 된다.

※2 이집트 최초의 근대 정당.

식민지 지배에서 벗어나기 위해 유럽의 기술을 적극적으로 받아들이고, 무슬림 국가를 단결, 발전시켜야 한다던 아프가니의 사상은 후세에도 계승되어 간다.

1895년,
청일 전쟁이
종결되었다.

'잠자는 사자'라는
별명으로 불리던
청(清)은
전쟁 패배 후
힘을 잃었고,

열강들은 저마다
청에서의
권익 유지와 확대를
노리고 있었다.

러시아

영국 독일

프랑스

청

미국

일본

청의 권익은 우리 꺼야!

영국

영국에겐 질 수 없지!

프랑스

출발이 늦었군… 좋은 땅이 남아 있으면 좋으련만….

독일

어떻게든 극동에서도 세력을 확대해 나가고 싶은데….

러시아

잘 끼어들어야지!

미국

청

조선의 독립

2억 냥

요동반도, 대만 등 할양

일본에 배상금 2억 냥※을 지불하는 한편 요동반도, 대만, 팽호제도 영토까지 넘겨 주게 되었다.

같은 해 '시모노세키 조약'으로 청은 조선의 완전한 독립을 인정했고,

※ 당시 일본 국가 예산의 4배에 가까운 액수

하지만 예상 하지 못했던 일본의 승리는 열강을 자극했다.

이 승리를 대륙 진출의 발판으로 삼겠어!

일본

독일, 프랑스와 함께

경쟁자가 늘어나는 건 곤란해.

일본도 청 분할에 끼어들려고 하고 있어.

러시아

특히 '시베리아 철도' 건설을 추진하며 남하 기회를 노리고 있던 러시아는

열강은 시모노세키 조약을 맺은지 불과 6일 만에 요동반도 반환을 일본에 권고했다.

히익!?

괜찮죠?

그럼 일본은 요동반도를 청에 돌려주고, 청은 보상금을 지불하는 걸로 하시죠.

마지못해 승낙한 일본은 같은 해 11월, 3천만 냥을 받고 요동반도를 청에 반환했다.

어쩔 수 없지. 요동반도를 돌려드리죠.

아직은 열강을 거역할 수 없어….

그럼 저는 돈을….

요동반도
(라오동반도)

124

돈을 빌려 드리죠.

세수만으로는 부족할 테니

큰 배상금을 감당하기 힘들었던 청은 외국에서 거액의 빚을 얻어 돈을 충당한다.

삼천 만 냥

쿠웅

왜 이렇게 된 거야!

담보?

별 말씀을요. 담보*만 내어 주신다면 괜찮습니다.

감사합니다! 그걸로 어떻게든….

※ 돈이 상환되지 않았을 때를 대비해 미리 맡아서 보증하는 것

우리 러시아는 통행세 권리를 갖겠습니다.

항구의 관세 수입은 프랑스가 받아갑니다.

열강은 청 각지의 관세 수입과 통행세 등의 권리를 담보로 했기 때문에

열강이 청의 재정을 쥐게 되었다.

청과 한반도에서 세력을 강화해 남하 정책을 추진할 테다!

게다가 러시아는 일본으로부터 요동반도를 돌려받는 대가로 1896년, 동청철도의 부설권을 얻는다.

휘청...

열강이 노린 것은 이거였구나...

더욱이 열강에 의해 청 국내에는 '조계'와 '조차지'가 늘어났다.

일본과 러시아의 대립은 깊어져 갔다.

러시아가 추진한 이 정책은 한반도에 대한 일본의 권익을 위협하는 것이었으므로

126

불평등 조약에
따라
개항이 결정된
항만에
만들어졌다.

북경
(베이징)
천진
(텐진)
진강
(전장)
한구
(한커우)
소주
(쑤저우)
상해
(상하이)
구강
(주장)
항주
(항저우)
하문
(샤먼)
광주
(광저우)

열강의 주요 조계

'조계'란
외국인이
자유롭게
거주할 수
있는
구역을
말하며

현지인은
청의 법으로
심판할 수 있지만

현지인

외국인

치외법권과
행정권이
인정되기 때문에
죄를 지어도

조계에 사는
현지인은 현지법으로,
외국인은 외국법으로
재판을 받는다.

외국인

현지인

외국인에 대해서는
청의 법으로
심판할 수 없었다.

우리는
청나라 법에
구속받지 않게
되었지만
말이야~

뭐, 조계가
아니더라도
불평등 조약을
맺고 있으니까.

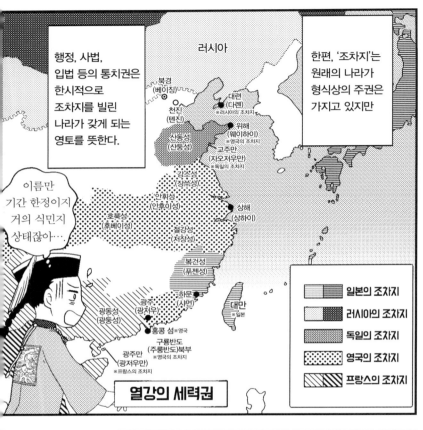

행정, 사법, 입법 등의 통치권은 한시적으로 조차지를 빌린 나라가 갖게 되는 영토를 뜻한다.

러시아

북경 (베이징)

대련 (다롄) ※러시아의 조차지

천진 (톈진)

산동성 (산둥성)

위해 (웨이하이) ※영국의 조차지

교주만 (자오저우만) ※독일의 조차지

강소성 (장쑤성)

안휘성 (안후이성)

상해 (상하이)

호북성 (후베이성)

절강성 (저장성)

복건성 (푸젠성)

하문 (샤먼)

광주 (광저우)

대만 ※일본

광동성 (광둥성)

홍콩 섬※영국

구룡반도 (주룽반도)북부 ※영국의 조차지

광주만 (광저우만) ※프랑스의 조차지

한편, '조차지'는 원래의 나라가 형식상의 주권은 가지고 있지만

이름만 기간 한정이지 거의 식민지 상태잖아…

열강의 세력권

	일본의 조차지
	러시아의 조차지
	독일의 조차지
	영국의 조차지
	프랑스의 조차지

산동성 일대를 세력권으로 삼았다.

산동성 (산둥성)

1898년, 중국에 발판이 필요했던 독일은

자국의 선교사가 중국에서 살해된 것을 이유로 교주만을 조차해

이전에 할양된 홍콩 섬, 구룡반도의 남단부와 합쳐서 통치했다.

또 같은 해 영국은 위해를 25년, 구룡반도 북부의 신계를 99년 조차했고

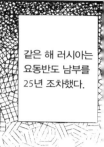

같은 해 러시아는 요동반도 남부를 25년 조차했다.

프랑스는 1898년에 광주만을 점령했으며, 이듬해 99년 기한으로 조차했다.

열강들에게 어쩔수 없이 조차지로 내어 주어야 했다.

이렇게 해서 청은 군사적 · 경제적으로 중요한 영토를

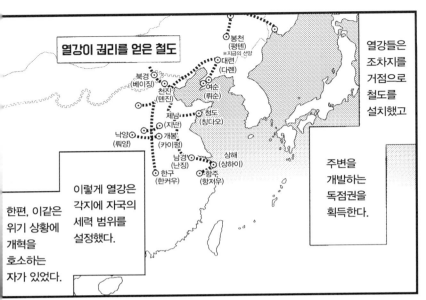

열강이 권리를 얻은 철도

- 봉천 (펑톈) ※지금의 선양
- 대련 (다롄)
- 북경 (베이징)
- 천진 (톈진)
- 여순 (뤼순)
- 제남 (지난)
- 청도 (칭다오)
- 낙양 (뤄양)
- 개봉 (카이펑)
- 남경 (난징)
- 상해 (상하이)
- 한구 (한커우)
- 항주 (항저우)

열강들은 조차지를 거점으로 철도를 설치했고

주변을 개발하는 독점권을 획득한다.

이렇게 열강은 각지에 자국의 세력 범위를 설정했다.

한편, 이같은 위기 상황에 개혁을 호소하는 자가 있었다.

1895년
청
북경

서양에서 기술만 도입해서는 안 되네.

사회 구조까지 포함한 근본적인 개혁이 필요해.

여태까지의 '양무 운동'※1 으로는 충분하지 않다는 것을 느꼈네.

캉유웨이
청의 관료

※1 근대 유럽의 기술을 도입해 국력을 높이는 운동

130

근대적인 서양의 방식에 대응하기 힘들지 않을까요?

하지만, 공자님의 가르침은 오래된 것입니다.

서양의 지식을 우리의 유학※2과 연결한다면 사람들도 받아들일 것이야.

민중의 의식도 바꿔야 해.

※2 공자의 사상을 바탕으로 한 학문

'캉유웨이'는 '공양학자'※3의 개혁 근거를 유교 경전에서 찾고

새롭게 해석해 개혁에 나섰다.

공자

공자님의 시대도 난세였다!

그 가르침은 평화로운 시대를 위해서가 아니라, 난세의 정치 개혁을 목표로 한 것일세!

우리도 열강과 싸우는 거야!

그래! 춘추시대※4는 그야말로 전란의 시대!

지금과 다를 바가 없지 않은가!

※3 5경 중 하나인 「춘추」의 「공양전」을 중시하는 유학파 학문으로 현실 문제를 해결하는 것을 목표로 함
※4 고대 중국. 기원전 8세기~기원전 5세기

그의 사상에 동의하는 사람들이 모이기 시작했다.

나라가 멸망하기 전에 개혁을!

캉유웨이는 먼저 '강학회(強学会)'라는 정치 단체를 조직했다.

광서제
청 제11대 황제

황태후와 황제는 전혀 위기감을 느끼지 않아.

나라 밖 사방에서 강대국이 다가오고 있는데

캉유웨이는 조정에 꾸준히 상주(上奏)를 올렸고

예.

황제의 눈에 띄는 존재가 되어갔다.

캉유웨이? 꽤 재미있는 자로구나. 만나서 이야기를 들어 보고 싶다.

알기 쉽고 재미 있는걸!

민중의 의식을 바꿔 나가는 데는 신문이 제일이죠!

제가 캉 선생님의 주장을 정리해서 '시무보'에 기고했습니다.

캉유웨이는 민중에게도 자신의 주장을 확산시키고자 했다.

량치차오
언론인

'대동' 단계에 도달하려면 정치 체제의 개혁이 필요하다는….

그것이 바로 의회 정치가 아닐까요?

유교의 이상 사회인 '대동(大同)'에서는 만민이 평등해지고, 사람들에게 선택된 자들이 정치를 한다고 하지.

변법…. 그러니까 근본적인 제도 개혁이 꼭 필요해.

민중의
의식 개혁은
자네에게
맡기겠네.

나는
궁정을
바꿀걸세!

네!

일본의
개혁이야말로
우리가 지향하는
변법에 가깝군.

개혁을 통해
힘을 기르지
않는다면 우리는
망국의 길을
걷게 될 걸세.

1868년에 일어난
일본의
'메이지 유신'을
배우려는
개혁파들에게
인기가 높았으며

일본은
청 개혁의
모델이
되어 간다.

'량치차오'는
주일공사 서기관
'황준헌'이 쓴
『일본국지』[1]를
출판했다.

※1 1887년, 완성 초기
에는 무시를 받았으
나 청일 전쟁 후인
1895년에 간행됨

캉유웨이는
'광서제'를
알현한다.

1898년
북경

그대가
캉유웨이
인가?

서둘러
개혁을
해야합니다.

변법을
행하면
강해지고,
수구(守舊)로
일관하면
멸망하게
됩니다.

상서는 읽었네.
우리 나라를
어찌 하면 좋을지,
그대의 의견을
말해 보시오.

또, 과거를 개혁하고
서구의 학문에 관한
자문기관을 도입함과 동시에
'경사대학당'※2을
설립할 필요가 있습니다.

우선,
개혁을 주도하는
제도국을
만들어야
합니다.

※2 훗날의 북경대학

1898년, 광서제는
'국시를 정하는
조칙'을 내리고
개혁에 나섰다.

이로써
'변법자강
운동'의
막이 올랐다.

옳거니.
그렇다면
그 안을
정리해

상유※3로
발포(発布)
하겠다.

※3 황제의 명령

젊은 관료를
채용하는
대신,
남는 관료를
감축하고,

장기적으로는 헌법을
제정하고 의회를
설치해야 합니다.

전혀 현실적이지 않다고!

갑자기 이 많은 걸 어떻게 하라는 거야!

귀족과 관료들이 반발했다.

그러나 1백일 사이, 약 2백 개의 지시가 내려지자

계획과 절차가 중요합니다.

아무리 급해도 너무 서두르면 안 됩니다.

캉유웨이는 당시 북경을 방문 중이던 '이토 히로부미'에게 조언을 구했다.

이토 히로부미
일본의 전 총리대신

결국 이토의 우려대로 …

개혁에 대한 생각이 얕아서 위태롭군 ….

농업과 공업을 좀 더 발전시킨 다음에야… 교육에도 시간이 걸리는 법입니다.

어떻게든 협력을 부탁드립니다.

일본을 모델로 한 개혁이었지만 이토 히로부미는 협력을 거부했다.

136

서태후를 비롯한 보수파의 쿠데타로 개혁은 3개월만에 실패로 돌아갔다.

변법파 놈들을 잡아 들이거라!

너무 지나치군

이것이 '무술정변' 이다.

서태후

※ 함풍제(咸豐帝)의 후궁이자 동치제의 생모. 서제는 누이동생의 아들에 해당하며 동치제 이후에 권력을 잡게 됨

캉유웨이와 량치차오는 일본으로 망명했다.

캉유웨이
량치차오

광서제는 유폐되어 실권을 잃었으며

광서제

이후, 중국 근대화에 있어 다양한 운동의 거점이 되어간다.

다만 경사 대학당은 창설 되었으며

변법자강 운동은 많은 개혁을 목표로 했으나 실현되지 못했다.

경사대학당

개혁은 실패했으나 열강의 청 분할을 저지하려는 흐름은

다음 사람들에게 계승된다.

변법자강 운동은 개혁의 방향성을 결정짓는 사건 이었다.

권력을 쥐고 흔들던 서태후조차도

개혁의 흐름을 멈출 수 없었다.

국내 상황으로
뒤처져 있던
미국도 마침내
청으로의
진출을 꾀한다.

미국은
열강을 향해
공식적인
성명을
발표했다.

1823년의
'먼로
선언'에서
유럽의
문제에는
관여하지
않는다고
결정했는데
…

무술정변 이후
청에서는
서양 배척의
바람이 거세졌다.
그러나 열강은
날로 기세를
더해갔다.

조계와
조차지에서
각국이
세력 다툼을
벌이는
가운데

존 헤이
미국 국무장관

미국의 문호개방선언
(1899~1900)

청을
분할하는 것은
이제 그만~

무역은 각국이
같은 조건에서
공평하게!

청과의 무역은
모든 나라에게
열려 있어야 한다.

영토 보전

기회 균등

문호 개방

'제1차 아편 전쟁'※ 후, '텐진 조약'으로 포교 활동이 가능해진 선교사들은

식량을 나누는 등의 자선활동을 통해 가르침을 전파했다.

이같은 열강의 진출로

청에 큰 영향을 준 것이 기독교의 포교 활동이었다.

※ 영국과 프랑스가 청을 상대로 벌인 침략 전쟁

근데 무슨 의식 같은 걸 해야 되나 봐.

교회에 가면 쌀을 받을 수 있다던데.

마침내 가르침을 이해하고 신앙을 갖는 사람들도 늘어나기 시작했다.

식량이 목적인 '쌀 크리스천'도 있었지만

그런 건 후딱 끝내버리면 되지.

얼른 가보자고!

미신이라는 소문이 돌아 사람들이 경계를 하게 되었고

열강의 힘을 배경으로 삼아 세력을 떨쳤다는 점과

그러나 기독교는 지방의 전통적 신앙과 맞지 않았으며,

서양인도, 서양인이 시키는대로 하던 놈들도 모조리 사라져라!

꼴좋다!

이러한 반기독교 운동을 '구교 운동'이라 부른다.

활 활

활

활

교회를 불태 워라!

1860년대부터 청 각지에서 일어나던 무력 충돌은 결국, 1900년대에 들어 더욱 빈번해지게 된다.

선교사는 적이다!

활

142

서양인을 물리치고 우리 마을을 지키자!

1899년경부터 전통적인 민간신앙에 기초한 무술 집단이

더욱 폭력적인 구교 사건을 일으키게 된다.

외세 배척 감정이 고조되는 가운데

특히 산동성에서는 교주만을 조차한 독일의 무리한 진출에 반발해

부정한 종교를 몰아내자!

멈추지 않으면 쏘겠다!

네놈들은 뭐냐!

그들을 '의화단' 이라 불렀다.

총알에 맞아도 끄떡 없다!

우리에겐 관성대제※1님과 제천대성※2님이 함께 하신다

※1 삼국지연의(三國志演義)의 관우
※2 서유기(西遊記)의 손오공

청일 전쟁과 해외 상품 유입으로 생활이 궁핍해진 농민들이 쫓겨난 의화단에 대거 합류했다.

공격하라!

말도 안되는 소릴 지껄이다니!

산동성 순무 (지방장관)가 된 위안스카이가 이를 진압하자

위안스카이
청의 군인

부 청 멸 양

두

두

두

두

두

두

우리가 청나라를 위해 싸울 테다!

이것이 '의화단 운동'의 시작이었다.

이들은 청을 도와 서양 세력을 멸하자는 뜻의 '부청멸양'을 내세우며

약 20만의 대군이 되어 1900년 봄, 북경에 들어갔다.

144

그대들의 의견은 어떻소?

청은 의화단에 대한 해결책을 내놓지 못하고 있었다.

단군왕
광서제의 사촌

이홍장
청의 정치가

이번에는 의화단 인가

어떻게 대처하면 좋을지…

기다려 주십시오. '부청멸양'을 외치는 이들은, 나라를 생각하는 의로운 백성입니다.

우리 편으로 만들어, 열강에 선전 포고를 해야 합니다.

부정한 종교에 빠진 백성을 방치할 수 없습니다!

이것을 빌미로 열강이 개입하기 전에 진압하시지요!

지금 우리 나라는 열강에 대적할 힘조차 없구나…

안 됩니다. 우리의 적은 열강입니다!

진압 해야 하오!

지금까지 열강은 이 나라에서 분쟁을 일으키고도 무력행사로 무마해 왔어.

더 이상 나라가 분열되지 않도록 우리가 해결하는 수밖에.

의화단의 주장을 그대로 받아들이기는 어려우나, 그 모든 것이 나라를 생각하는 마음임은 틀림없다.

의화단을 우리 편으로 만듭시다.

결정했소.

아니, 그건 무모한 일입니다!

나라가 약해진 지금, 기댈 수 있는 건 민심 뿐이오.

황제의 이름으로, 열강에 선전 포고를 합시다.

그리하여 청은 열강을 상대로 전쟁을 시작했다.

24시간?! 불가능한 소리!

시바 고로
일본 공사관 주재 무관

조정으로부터 개전 선언과 24시간 내에 북경에서 퇴거하라는 명령이 내려왔습니다!

뭐?

맥도널드
북경 주재 영국공사

북경 영국 공사관

큰일 이다!

포위되어 버렸군….

의화단은 북경 등, 주요 도시에 있는 열강의 공사관을 포위했다.

본국의 대응을 기다리자.

관원들은 이 구역에 머물렀다.

다행히 공사관 주변에는 담이 있어서 지키기 수월하고 지원도 요청했으니

기독교
신도들은
죽임을
당할 것이오!

우리도
들여보내
주시오!

1천 명에
가까운
외국인과
청의
기독교
신도들이
도망쳐왔다.

외부 연락이나
부상자 구호 같이,
우리도
할 수 있는 일이
있습니다.

들여
보냅시다.
적은
아니지
않습니까.

이렇게 되면
중국인, 일본인,
서양인 모두
힘들어지네.

피신해 온
기독교 신도들과
협력해 2개월간
농성을 벌였다.

영국, 미국,
독일, 프랑스,
러시아, 일본의
거류민은

겁내지
마라!

청나라는
지금
혼란에
빠져
있다!

1990년 6월 공사관의 요청으로, 열강 8개국 연합군[※]은 체류 외국인 보호 명목하에

의화단을 진압하기 위해 천진에 상륙했다.

※ 영국, 미국, 독일, 프랑스, 이탈리아, 오스트리아, 일본, 러시아

부청 멸양!

연합군은 청의 군대 및 의화단과의 교전 끝에 7월에 천진을 점령했고

8월에 북경에 입성했다.

8월 14일, 2만 명의 연합군이 북경을 총공격했다.

청의 군대와 의화단은 압도적인 수의 군사를 가지고 있었으나

근대적 무기가 없었기 때문에 다음날 패배했고

북경은 연합군에게 점령되었다.

북경의 공사관 구역에서 농성중이던 수천 명의 사람들은

희생자는 있었지만, 같은 날 해방됐다.

농성전을 지휘하며 성공시킨 주재 무관 '시바 고로'는

일본인뿐만 아니라 '빅토리아' 여왕 등, 각국 사람들로부터 칭송을 받았다.

북경 (베이징)

천진 (텐진)

서안 (시안)

연합군이 북경을 점령한 다음날, 서태후를 비롯한 정부 주요 관료들은 서안으로 달아났다.

이홍장이 서명한 이 조약의 내용은…

1901년 9월 7일, 청과 열강 간에 새로운 조약인 '베이징 의정서'[1]가 체결되었다.

※1 신축조약

또 증세인가 ….

청은 열강에 4억 5천만 냥의 배상금을 지불할 것.

자, 자, 어서 나가!

여기는 우리 나라 라고!

공사관 지구를 새롭게 설정하고 그곳에서 중국인을 배제할 것.

그곳을 치외법권으로 만들 것.

이는 이후 '러일 전쟁'과 '노구교 사건'※2의 원인이 되는 결정적인 일이었다.

외국인을 보호하기 위해 외국 군대의 북경 주둔을 허용할 것.

※2 1937년, 중일 전쟁의 계기가 된 중일 양군의 충돌 사건

이홍장, 그대와 황제의 주장을 이제야 알겠습니다.

이 조약은 청 분할을 더욱 가속화하는 결과를 낳았다.

열강에 대항하기 위해서는 적극적으로 유럽의 제도와 법률·기술 등을 도입해야 한다는 것을요….

청의 정치는 큰 희생을 치르며 다시 새로운 단계로 접어들게 된다.

여순에는 군 기지를 만들고 대련은 무역 거점으로 삼았다! 시베리아 철도와 연결된 동청철도도 건설 중이지. 후후. 우리 러시아의 세력을 점점 넓힐테다.

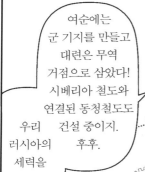

의화단 사건 이후 일본과 러시아는 한반도와 만주를 둘러싼 갈등을 빚고 있었다.

러시아는 의화단 진압 후에도 병사를 주둔시켜 청의 영토였던 만주를 사실상 점령했다.

러시아가 남하해 오면 한반도에 대한 일본의 권익이 위협받을 우려가 있었다.

러시아 녀석! 한반도와 육지로 이어진 만주에 버티고 앉아서

한반도에 대한 우리 일본의 권익을 빼앗을 작정인가…

지금의 국력으로는 싸울 수 없소. 우선 협상을 해야 합니다!

그러나 일본 정부 내에서는 대러시아 정책을 놓고 의견이 갈렸다.

이대로 잠자코 보고 있을 수만은 없으니, 일전(一戰)도 불사해야 하오!

이토 히로부미
추밀원 의장

가쓰라 다로
총리대신

154

그런 일본에 영국이 접근했다.

마침, 영국도 '러프 동맹'으로 뭉친 러시아와 프랑스로부터 동아시아의 권익을 지키기 위한 동맹국을 찾고 있었기 때문이다.

남아프리카 전쟁의 게릴라들

보어 전쟁*

※ 1899년 영국이 남아프리카의 보어인을 상대로 일으킨 전쟁

러시아가 극동 지역에서 얼마나 세력을 확대할지 우려스럽지만, 지금 우리 나라는 보어 전쟁의 뒤처리만으로도 벅찬 상태야.

영국과의 동맹은 일본으로서도 동아시아에서의 권익을 지킬 수 있는 아주 좋은 방법이었다.

그래! 일본으로 하여금 러시아를 제압하게 하자.

랜스다운
영국 외무장관

영국과 손을 잡으면 군사적 · 정치적으로 안심할 수 있지.

하야시 다다스
주영 일본공사

그렇다면 동맹의 주요 내용은….

앞으로는 일본과 손을 잡겠습니다.

우리 나라는 그동안 '영광스러운 고립'을 지켜왔지만

양국 중 한 나라가 두 개 이상의 제3국과 교전하는 경우

나머지 한 나라는 동맹국 편에 서서 참전한다.

양국 중 한 나라가 제3국을 상대로 전쟁을 시작한 경우

나머지 한 나라는 중립을 지킨다.

1902년, 영일 동맹이 체결되었다.

이 동맹은 20년 이상 지속되며 일본 외교정책의 바탕이 되었다.

좋습니다. 서로 협력해 나갑시다.

한편 러시아는 일본과의 전쟁은 피해야 한다고 생각하고 있었으나

일본을 얕잡아 봐선 안 됩니다. 전쟁이 시작되면 남만주는 지켜낼 수 없소

크로파트킨 육군 장관

지금은 전쟁을 피해야 합니다.

음….

그래도 손해는 클겁니다.

우리 러시아가 일본 따위에 질 일은 없겠지만

비테 재무부 장관

우리 러시아의 한반도 지배를 위해 일본을 물리쳐야 한다!

일본의 군사력 따위는 우리의 발끝에도 미치지 못해!

대일 강경파와 유화파가 정부를 양분하고

점차 대일 강경파가 힘을 가지게 된다.

알렉세예프 극동 총독

※ 청일 전쟁 이후의 시모노세키조약으로 청은 조선의 독립을 인정함. 그 후 국호를 '대한제국'으로 규정하여, 후에 '한국'으로 줄였으나 현재의 '대한민국'과는 다름

러시아

러시아 세력권

청

대한제국

한편
영일 동맹으로
국제적인 뒷배를
얻은 일본은

1903년
8월,
러시아와
교섭을
시작했다.

러시아는
철수하시오.
일본의
권익이
우선되어야
합니다.

일본은
한반도에 대한
일본의 권익을
러시아가
인정하면
러시아가 가진
만주 권익도
인정하겠다 했으나,

쟁점은
대한제국※
에서의
권익에 대한
것이었다.

고무라 주타로
외무대신

이 같은
반응을
보였다….

한국에서의
일본의 권익도
더 제한되어야
한단 말이오!

원래 일본은
만주에 대해
발언권 따위
없소!

러시아는

로젠
주일 러시아 공사

158

일본 안전 보장의 중대한 위기 입니다.

러시아 녀석들, 극동 진출을 위한 노림수를 쓰는군.

도쿄 총리대신 관저

한반도 북쪽의 절반을 중립지대로 정하자는 말인가?

고무라 주타로

야마가타 아리토모 원로

일본 정부는 러시아를 이기기 어렵다고 생각했다.

하지만 우리 전력으로는 전쟁 비용을 충당하기도 힘듭니다.

역시 전쟁을 하는 수밖에 없는 건가….

가쓰라 다로 총리대신

이토 히로부미 원로

일본이 승리할 수 있는 방도는 기습공격과 단기 결전밖에 없었다.

만약 전쟁이 길어지면…

러시아군의 물량에 압도당하고 전쟁 비용도 소진돼 결국 우리 일본은 완전히 패배하게 될 것이오.

지금까지는 러일 양국 정부의 교섭이었지만

짐이 러시아 황제에게 친서를 보내 평화롭게 해결할 수 없겠소?

메이지 천황

이토 히로부미
야마가타 아리마토
마쓰카타 마사요시
오야마 이와오
이노우에 가오루

러시아와의 교섭이 중단된 1904년 2월 4일, 어전회의[1]가 열렸다.

메이지 천황 아래 5원로와 5대신[2]이 모여 러시아와의 개전에 대한 논의가 이루어졌다.

※1 대일본제국 헌법 아래, 일왕이 동석해 중요한 국책을 결정한 회의
※2 총리대신, 해군대신, 대장대신, 육군대신, 외무대신

고뇌의 결단을 내린 메이지 일왕은 단가〈短歌〉를 읊었다.

사해는 모두 동료인데 세상에 풍파와 소란은 어찌하여 이는가[3]

1904년 2월 6일, 일본과 러시아는 국교를 단절했다.

폐하! 결단을 내리셔야 합니다.

이제는 일각을 다투는 상황입니다. 개전 외에는 방법이 없습니다.

…어쩔 수 없구나.

※3 〈의미〉 세계의 사람들은 모두 형제라고 생각하는 시대에, 왜 전쟁을 하지 않으면 안 되는 것인가

여순

인천

2월 8일, 일본 해군은 러시아의 조차지인 '여순항'에서 러시아 함대를 기습공격했고, 일본 육군은 인천에 상륙했다. 러일 전쟁의 시작이었다.

다음날인 9일에는 인천 앞바다에서 해전이 벌어졌고, 일본군이 러시아함 2척을 격침했다. 2월 10일에는 일본이 러시아에 선전포고했다.

작은 나라의 전술에 불과하다. 일본 따위 두려워할 필요없다!

수송 문제와 의견 대립 등으로 효과적인 반격을 하지 못하고 있었다.

알렉세예프

이에 러시아 육군에서는

전력 집중해 결전을 벌여야 한다!

크로파트킨
만주군 총사령관

이후 승리를 이어갔다.

득리사 전투

8월, 서해해전에서 일본군은 러시아 함대에 타격을 입혔고

남산 전투

울산 앞바다 해전

동해의 제해권※1을 사수해야 해!

도고 헤이하치로
연합함대 사령장관

※1 전시 상황에서 자국이 필요로 하는 해역을 자유롭게 사용할 수 있는 권한

돌격!

노기 마레스케
제3군 사령관

노기 마레스케의 지휘 아래 세 차례에 걸쳐 이루어졌다.

여순항의 러시아 함대를 공격함에 있어 중요했으며

8월 19일부터 시작된 러시아군 '여순 요새'에 대한 일본군의 공격은

러시아 측 기관총

이 전투에서는 전자동 기관총이 세계 최초, 본격적으로 투입되었고

다수의 사상자가 나올 정도로 치열한 공방전이 벌어졌다.

일본 측 기관총

2월에는 봉천에서 러일 양군의 주력 부대가 부딪치는 '봉천회전'이 시작되었고

이 전투에서 일본군은 간신히 승리했다.

발사!

1905년 1월, 여순을 함락 시켰다.

12월, 일본군은 점령지에서 포격을 가해 여순항 내의 러시아 함대를 무너뜨렸고

우후훗♥

최신 예함 네 척을 포함한 진용은 당시 세계 최대급 함대로, 일본 측의 승리를 예상하는 사람은 아무도 없었다.

하지만 러시아에는 발트함대[2]라는 비장의 무기가 있었다.

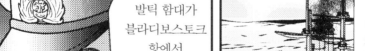

※2 발트해로 전개중이던 러시아 함대의 호칭 중 하나

발틱 함대가 블라디보스토크 항에서 보급을 받을 때까지 싸워야 해….

1905년 5월, 전함 '미카사'

163

도고 함장님, 적의 항로는 이 세 가지로 생각됩니다.

블라디보스토크

① 소야(宗谷) 루트

② 쓰가루(津輕) 루트

③ 대마도(對馬) 루트

분산해서 배치 하시겠 습니까?

아키야마 사네유키
일본 해군 참모

좋다!

대한해협 에서 결전을 벌이자!

쓰가루 루트는 기뢰로 봉쇄하고 있다고 러시아에 정보를 흘리면…

소야 루트는 우회하게 될테고…

아니야… 하나로 좁혀서 전력을 쏟아야 해.

적함대 발견

경보에 접해 연합 함대 즉시 출동. 적함대를 격침할 예정. 금일 날씨 맑으나 파도 높음

적이 발견되었다는 소식은 즉시 대본영에 타전됐다.

발트함대는 도고의 예상대로 대마도 앞바다에 나타났고

저기 봐! 함대가 왔어!

영일
동맹은
일본을
구한
것이다.

수에즈 운하 사용 금지
영국령으로의 입항 금지
식료품 보급 방해
등으로 인해
상당히 피폐해져 있었다.

사실
발트함대는
영일 동맹을
맺은
영국의

싸울 힘이
남아 있지 않아.
강화까지는
끌고 갔으면
좋겠는데….

하지만,
일본의
국력은
한계에
도달해
있었다.

와아아

일본이
러시아를
이겼어!

제1차
'러시아
혁명'으로
이어졌기
때문이었다.

러시아의 상황도
좋지 않았다.
청원 행렬을 이어가던
노동자들에게
왕궁 병사들이
총을 발포하는
'피의 일요일' 사건이
벌어져

일본과 러시아, 그 누구도 만주를 독점하지 못하도록 무승부로 종전시키자!

양국이 우리에게 빚을 지도록 만들 수도 있고…

중재를 맡겠습니다.

일본은 '동해해전'의 승리로 강화(講和)를 유리하게 추진하기 위해 미국에 중재를 요청했다.

시어도어 루스벨트
제26대 미국 대통령

미국 '포츠머스'에서 강화 회의가 개최되었다.

1905년 8월 10일, 루스벨트의 제안으로

관동주(関東州)※의 조차권을 양도할 것.

…여기까지는 동의하겠소. ※ 요동반도 남단

남만주철도 일부를 양도할 것.

한반도에 대한 일본의 우월권을 인정할 것.

러시아군은 만주에서 철수할 것.

비테 러시아 전권대표

일본은 배상금을 포기하고, '포츠머스 조약'을 체결했다.

러시아 연해주 연안의 어업권을 인정하는 것으로 합의합시다.

그럼, 사할린 남쪽의 반을 할양하고,

이 이상은 무리인가….

하지만 사할린 양도와 배상금 지급은 안 되오!

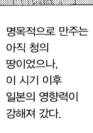

명목적으로 만주는 아직 청의 땅이었으나, 이 시기 이후 일본의 영향력이 강해져 갔다.

종전 후인 1907년 7월, 일본은 '러일 협약'을 통해 러시아와의 관계를 개선하고자 했으며, 만주 개발을 추진했다.

중공업도 정부의 뒷받침으로 급속히 발전하게 된다.

오사카방적

야하타제철소

이 무렵 일본에서는 청일 전쟁을 전후로 섬유 산업의 기계화가 진행되고 있었으며

3차에 걸친 '한일 협약'을 체결해 한반도에 대한 지배를 강화해 나갔다.

포츠머스 조약을 통해 러시아로부터 한반도에서의 권리를 얻은 일본은

그래서 일본은 경제적 이익을 얻기 위해 대륙으로 지배권을 확대하려 했다.

석유나 석탄 같은 원료의 수입과 공산품의 수출은 대륙과 깊이 연결되어 있었다.

러시아

한반도

청

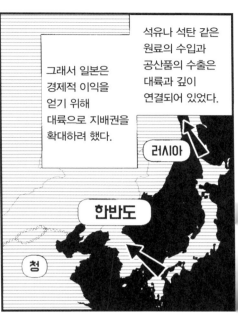

일본은 열강과의 교섭에서 한반도에 대한 일본의 우월권을 인정받는다.

앞으로는 고문의 지시에 따르도록.

러일 전쟁 중이던 1904년 8월, 대한제국과 일본은 제1차 한일 협약을 체결했다. 일본이 대한제국의 재정과 외교에 간섭할 수 있게 된 것이다.

하야시 곤스케
특명전권공사

대한제국 대표

169

대한제국은
일본으로부터
'외교권'이라는
주권국가의 권리를
빼앗겼다.

일본은
한성(서울)에
'한국통감부'를
설치해
대한제국을
보호국으로 삼았다.

이듬해에는
'을사늑약'[1]을 체결해
대한제국의 외교권을
완전히 박탈한다.

제2차 한일 협약

- 대한제국의 외교에 관한 일체의 사무는
  일본이 지휘, 관리한다.

- 일본의 중개를 거치지 않고는 외국과 어떤
  조약이나 약속도 맺지 않는다.

- 일본 정부의 대표자인 통감을 두게 하며
  외교를 관리하게 한다.

※1 제2차 한일 협약

1907년, '고종'은
이 같은 상황을
국제사회에
호소하기 위해
헤이그에서 열린
'만국평화회의'에
특사를 보냈다.

이런
횡포가
용납될 리
없다!

고종
대한제국 황제

멋대로 외교를 하는 것은 협약 위반이다.

고종을 퇴위 시키겠다!

헤이그 특사 사건은 한국통감을 맡고 있던 이토 히로부미의 귀에도 들어간다.

그러나 열강들은 대한 제국의 호소를 무시했고,

또한, 대한제국의 군대를 해산시켜 보호국화를 완성했다.

1907년, 일본은 '한일 신협약※2'을 맺게 했으며, 이것으로 한국통감부의 권한을 강화하려 했다.

※2 제3차 한일 협약. 정미7조약이라고도 부름

1909년에는 의병운동에 참가했던 '안중근'의 손에 이토 히로부미가 암살되었다.

대한제국의 민중들은 일본 지배에 반발해 항일 운동을 일으키기 시작했다.

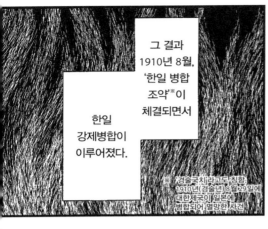

그 결과 1910년 8월, '한일 병합 조약※'이 체결되면서

한일 강제병합이 이루어졌다.

※ 경술국치라고도 칭함
1910년(경술년) 8월 29일에
대한제국이 일본에
병합되어 멸망한 사건

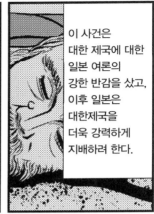

이 사건은 대한 제국에 대한 일본 여론의 강한 반감을 샀고, 이후 일본은 대한제국을 더욱 강력하게 지배하려 한다.

더 나아가 조선인의 정체성을 말살해 일본 국민이라는 의식을 강제로 심으려 했으며,

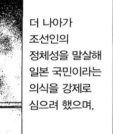

일본어 보급 및 교육을 목표로 '동화정책'을 추진하기도 했다.

군인을 풀어 헌병에 의한 무단 정치를 실시했다.

일본은 한성에 있던 한국통감부를 조선총독부로 개편해

곡식과 같은 식량 자원의 수탈을 일삼았다.

'조선토지 조사사업'을 벌여 식민통치의 경제 기반을 다졌고,

제국주의적인 행태를 일삼았다.

러일 전쟁에서 이긴 뒤, 일본은 더욱

한편, 일본의 세력 확장은 미국의 경계심을 부추기게 되었고

일본이 지금보다 더 강해지면 미국을 방해하게 될 거야.

드디어 서양과 어깨를 나란히 하는 날이…

가쓰라 다로

새로운 대립이 싹트기 시작했다.

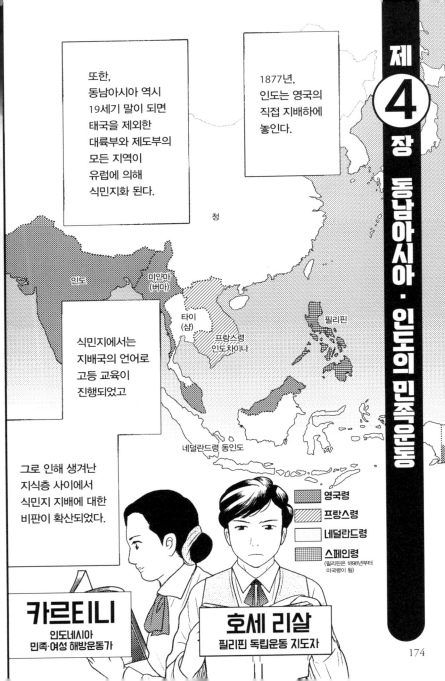

또한,
동남아시아 역시
19세기 말이 되면
태국을 제외한
대륙부와 제도부의
모든 지역이
유럽에 의해
식민지화 된다.

1877년,
인도는 영국의
직접 지배하에
놓인다.

청

인도

미얀마
(버마)

타이
(샴)

프랑스령
인도차이나

필리핀

식민지에서는
지배국의 언어로
고등 교육이
진행되었고

네덜란드령 동인도

그로 인해 생겨난
지식층 사이에서
식민지 지배에 대한
비판이 확산되었다.

영국령

프랑스령

네덜란드령

스페인령
(필리핀은 1898년부터
미국령이 됨)

카르티니
인도네시아
민족·여성 해방운동가

호세 리살
필리핀 독립운동 지도자

필리핀

루손 섬

마닐라

민다나오 섬

이 땅을 필리핀이라 이름짓고 펠리페 왕세자께 바칩니다!

펠리페 2세
훗날의 스페인 왕

또한, 자신들과 마찬가지로 필리핀 사람들도 가톨릭 신앙을 의무적으로 믿게 했다.

스페인은 16세기 무렵부터 필리핀을 식민 지배해 왔다.

벌컥

멈춰라!

19세기 필리핀 마닐라

만물의 창조주 되시는 신께서

동물과, 이성을 가진 인간을 창조하셨다.

그러한 지배 속에서 최초로 탄생한 현지 주민 지식인은 교회 성직자였다.

필리핀인을 차별하고 멸시했던 스페인인들은 그들이 자신들과 똑같이 행동하는 것을 용납하지 않았다.

너희처럼 수도회에 속할 수 없는 '재속 사제'※1 들은

우리 허락 없이 미사※2를 행할 수 없어!

※2 가톨릭 제의 중 가장 중요한 제식   ※1 수도회에 속하지 않아 권한이 한정된 교구 소속의 사제

우리 현지인에 대한 차별을 없앱시다!

재속 사제로서 민중의 신망이 두터웠던 '부르고스'는 필리핀인의 지위 향상 운동을 전개했다.

그러나 1868년에 스페인에서 '공화 혁명'※3이 일어나 자유주의가 필리핀에 도달하자

※3 여왕 이사벨 2세가 프랑스로 망명하면서 일시적으로 왕위가 공석이 된 사건

민중은 슬픔에 잠겼고, 스페인을 향한 분노는 점점 더 커져갔다.

1872년, 결국 부르고스를 포함한 세 명의 사제가 반란죄로 처형되고 만다.

하지만 1870년, 스페인은 왕위 계승 문제가 해결되고, 국내가 안정되자 필리핀인에 대한 탄압을 강화한다.

16세기 말부터 계속된 스페인의 식민지 지배로 우리 국가와 민족성이 학대받아 왔어.

같은 기독교인인데….

스페인인들은 횡포를 부리고 있어!

이윽고 자유무역으로 성공한 필리핀인 가운데, 유럽으로 건너가 고등 교육을 받으며

조국의 독립을 꿈꾸는 젊은이들이 생겨나기 시작했다. '호세 리살'도 그중 하나였다.

필리핀의 미래는 필리핀인이 만들어 가야 해.

신의 축복을 받은 필리핀이 스페인에게 지배당하고 있는 것은 정말 불행이야.

호세 리살

177

기다렸지?

어서 와, 호세!

빨리 앉아.

우리도 유럽의 인정을 받을 수 있도록 노력하자!

마리아노 폰세
필리핀 독립을 위해
훗날 일본에서도 활동

그러기 위해선 스페인 국회가 필리핀 대표를 받아들이도록 만들어야 해.

필리핀 사람들의 정치적 의식을 높여서 성직자 지배 구조에서 벗어나야해!

마르셀로 델 필라
작가. 스페인과 필리핀을 잇는
다리가 되고자 활동

식민지인 이상, 스페인은 필리핀을 계속 억압할 거야.

아니, 유럽에게 인정받아도 소용없어.

권리를 조금 얻으며 식민지에 머물 것인지,

둘 중 하나야!

피를 흘리더라도 스페인의 지배로부터 독립할 것인지,

억압과 반란이 반복되고 있는 게 현실이야.

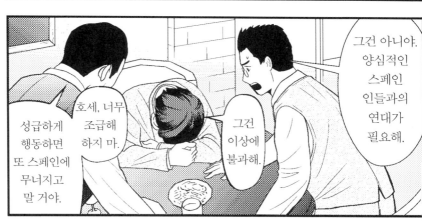

그건 아니야. 양심적인 스페인인들과의 연대가 필요해.

성급하게 행동하면 또 스페인에 무너지고 말 거야.

호세, 너무 조급해 하지 마.

그건 이상에 불과해.

아니, 지금 필요한 건 필리핀 사회 자체의 개혁이야.

자국의 역사를 배우고, 자국의 언어로 생각할 수 있도록 만들어야 해!

읽고 쓰는 것조차도 어려워하는 국민이 많아. 얼른 이 상황을 해결하고 싶어.

179

필리핀인의 민족적 자각과 의식을 높이는 활동이 중요하다는 거지!

그래, 호세. 무슨 말인지 알겠어.

· · · · · ·

세 사람은 1889년에 개혁운동을 시작했고 잡지 『단결』을 간행했다.

그들은 무력이 아닌 언론 활동을 통해 필리핀인의 의식을 바꾸어 나가려고 했다.

셋은 이렇게 서로 다짐했다.

앞으로도 필리핀 독립을 위해 싸우자!

180

필리핀 민족 동맹의 목적

① 모든 섬의 모든 민족을 통일
② 회원 간의 상호부조
③ 폭력 및 부정 반대
④ 교육, 농업, 상업의 장려
⑤ 개혁 실현

노동자 여러분!

민족의 자긍심을 위해, 필리핀인에 의한 개혁을 실현합시다!

1892년
마닐라

리살은 평화적인 개혁을 목표로 하는 비밀결사 단체인 '필리핀 민족 동맹'을 설립했다.

스페인 당국은 이 활동을 알게 되었고, 그를 체포해 '민다나오 섬'으로 귀양을 보내게 된다.

그러나 필리핀인의 노력을 우선시했던 리살의 생각은 민중에게 전해지지 않았다.

제 말 좀 들어 보세요! 먼저 필리핀 사람들이 바뀌어야 합니다.

지금까지도 개혁은 요구해 왔어. 변해야 할 사람은 스페인 놈들이라고.

무력으로 스페인인을 몰아냅시다!

그 뒤를 이어 등장한 '보니파시오'는 강경한 자세를 내세웠다.

안드레스 보니파시오
필리핀 독립운동가

초반에는 혁명 세력이 우세한 것처럼 보였다.

1896년, 카티푸난이 시작한 무력투쟁은 '필리핀 혁명'이라 불렸으며

필리핀에 독립을!

노동자들의 지지를 얻은 보니파시오는 스페인으로부터의 독립과 더불어 필리핀 사회의 계급 격차가 해소되어야 함을 호소하며 비밀결사단체인 '카티푸난'을 설립했다.

거부한다.

무릎 꿇어!

마닐라 밤굼바얀

혁명을 교사했다는 이유로 총살형에 처해진다.

그러나 카티푸난과 아무런 관계가 없던 호세 리살이

오늘날에는 민족의 영웅 중 한 사람 으로 추앙받고 있다.

무력충돌을 원치 않았던 그는, 필리핀 혁명에 무조건 찬성하진 않았으나

탕

탕

나는 반역자가 아니다. 눈가리개 따위 필요 없다.

그를 처형한 것은 유산계급의 지지를 얻은 아기날도였다.

그는 혁명 정신을 계승했으나, 스페인을 무너뜨리지는 못했다. 그해 말, 아기날도는 스페인과 평화 협정을 맺고 홍콩으로 망명한다.

에밀리오 아기날도
혁명가

1897년에는 카티푸난 내부에서 주도권 다툼이 일어나 보니파시오가 처형되었다.

미국은 필리핀에서도 스페인을 상대로 공격하기 시작했다.

미국의 남카리브해에 있는 '쿠바 섬'의 지배권을 둘러싸고 미국과 스페인 사이에 전쟁이 벌어진 것이다.

그러나 이듬해인 1898년, 상황이 바뀐다.

이번에야말로 스페인을 몰아낼 기회다!

다시 혁명의 지도자로서 스페인과 싸우기 시작했다.

그해 5월, 아기날도는 미국군의 협조로 귀국해

183

일본이라면 우리 편을 들어줄지도 몰라….

폰세는, 청일 전쟁에서 청을 이기고 아시아 근대국가가 된 일본의 호의적인 개입을 기대하고 있었다.

아기날도는 폰세와 함께 홍콩에 망명정부를 만들었다.

독립운동을 계속하려면 무기가 많이 필요할 텐데.

그 중에서도 아시아의 단결을 요구하는 아시아주의자, '이누카이 쓰요시'와 '미야자키 도텐'은

아시아 연대를 통해 열강에 대항하려는 생각을 갖고 있었다.

미야자키 도텐
혁명운동가

이누카이 쓰요시
훗날의 내각총리대신

한편, 일본에서는 민간과 군 일부가 동남아시아의 독립혁명을 지원하며 세력을 남쪽으로 확대하려고 하고 있었다.

일본

필리핀

일본

부탁드립니다. 필리핀 독립에 힘을 보태주십시오.

네. 폰세라고 합니다.

자네는 필리핀 사람인가?

감사 합니다!

좋소. 무기와 배는 나에게 맡기시오.

일본 통치하에 있는 타이완 남쪽의 필리핀이 불안정한 상태라면, 우리 나라의 국익이 위협받게 되겠지.

쑨원
훗날 중화민국 건국의 아버지

이 무렵 폰세는 일본에 망명해 있던 중국의 혁명가 '쑨원'과도 친분을 가졌다.

185

1899년 1월 21일, '필리핀 공화국'을 수립하고 아기날도는 초대 대통령이 되었다.

폰세가 일본에서 무기를 조달하는 사이에 아기날도는 독립을 선언했다.

필리핀? 그들이 자치를 할 수 있겠나?

우리가 보호해야 할 터인데.

윌리엄 매킨리
제25대 미국 대통령

하지만 스페인과의 전쟁에서 이겨 필리핀 영유권을 얻은 미국은 독립을 쉽게 인정하려 하지 않았다.

1899년, 미국–필리핀 전쟁이 시작되고 만다.

우리 필리핀의 독립을 위해 국토를 방위하라!

더욱이 미국은 혁명군을 반란군으로 간주하고 진압하려 했기 때문에

이렇게 일본으로부터 무기를 조달하려 했던 그들의 계획은 좌절되었고 혁명군은 차츰 기세를 잃었다.

같은 해 7월, 무기를 얻은 폰세는 나가사키에서 '누노비키마루'라는 배에 올라 출항했으나, 폭풍우를 만나 배가 침몰하고 만다.

청일 전쟁 이후 일본은 조선의 지배를 계획하고 있다는데….
일본은 아시아의 빛인건지, 아니면 결국 서양 흉내를 내는 또 하나의 제국에 불과한건지….

※*필리핀 공용어의 하나

마닐라에서 스페인어와 타칼로그어※로 된 신문, 『재생(再生)』을 발행했다.

그 후 폰세는 필리핀으로 돌아가

혁명군은 게릴라전을 지속적으로 펼쳤으나 미국군의 우세가 이어졌고

1901년 3월, 아기날도는 체포되었다.

사마르섬
필리핀

아기날도도 마침내 잡힌건가.

그런데 필리핀 민중은 아직도 저항을 계속하고 있어.

이러다간 우리가 당하겠다!

10살 이상인 남자는 모두 죽여라!

꽈

돌격!

필리핀 게릴라 병이다!

으악

1902년, 필리핀은 미국의 식민지가 되었다.

이 같은 싸움이 지속되면서 각지에서 20만 명 이상의 필리핀인이 살해되었고

미얀마(버마)

영국

미얀마
(버마)

영국령 인도

만달레이

이라와디 강

동남
아시아
서쪽 끝에
위치한
버마는

18세기 중엽부터
'꼰바웅 왕조'에
의해 다스려졌으나

인도를 손에 넣은 영국은
인접 국가인 버마까지
손에 넣기 위해
군사를 보내
점령지를 넓히고 있었다.

버마

영국령

민돈왕은
영국에 대한
대항책으로

서양인 기술자를
고용해
관영 공장※을 짓고
세제를
개혁하는 등,
국가 근대화를
추진했다.

명주와
면직물부터
제당, 주조,
무기, 유리 등,
각종 공장을
건설할 것이다.

1860년대
버마
만달레이

민돈
버마 꼰바웅 왕조의 왕

※ 정부에서 직접 관리,
운영하는 공장

세제 개혁은
전국의 세율을
일률적으로
함으로써
지방 관리의
부정이 줄어
중앙집권이
이루어
졌습니다만….

근대화는
아직
멀었단
말인가…

하
아...

뭣이
라?!

하지만
양질의
저렴한
유럽 제품이
들어오고
있어서

가능성이
있는 것은
면포나 견직물
정도이옵니다.

1878년,
버마 왕
민돈이
병사했다.

티보왕이
왕위를 계승하자
버마는
프랑스에 접근해
'통상 협정'을
맺는다.

너에게는
풍성한
버마를
남겨 주고
싶었는데
….

아
장

아
장

아바
마마.

티보
왕자….

요
치

1885년,
티보왕이 추방되면서
버마는
영국의 식민지가
되고 만다.

이에
위기감을 느낀
영국은 인도에서
군사를 보내
만달레이를
점령했다.

타이(샴)

영국

미얀마 (버마)

서쪽에서는 영국, 동쪽에서는 프랑스가 공격해 식민지가 될 위기에 처해 있다. 19세기 중반에 즉위한 '라마 4세'는 이에 대항한다.

버마가 영국에 지배당하는 모습을 보고 위기감을 근접국인 샴은 위기감을 느낀다.

왕자 시절, 20살에 출가해 이후 27년간 승려로 지내던 그는

타이 (샴)

방콕

응우옌 왕조

그간 서양인 선교사들과 깊은 교류를 하며 영어를 습득하고 서양 문명을 배웠다.

짜오프라야 강

코친차이나

프랑스

샴

영국령

프랑스령

전쟁으로는 이길 수 없어. 외교와 국내 개혁으로 대항하는 거야…

국제정세를 잘 파악하고 있던 그는 개국을 결심했다.

선왕이 죽자 환속※해 1851년에 라마 4세로 왕위에 올랐다.

라마 4세
샴 국왕

※ 출가해 승려가 된 사람이 다시 속세로 돌아가는 것

그들이 가진 과학은 훌륭합니다.

유럽에게 배울 것이 많다.

또, 서구의 과학기술 도입에도 힘을 쏟아 인쇄술과 근대 의학을 나라에 도입했다.

그는 불평등하다는 것을 알면서도, 서양 열강들과 차례차례 통상 조약을 맺어 독립국으로서의 외교관계를 구축했다.

쭐랄롱꼰 왕자

서양 과학자들이 예측한 일식 발생 시간보다 내가 예측한 시간이 더 옳다는 것을 증명하고 싶다.

우와!

태양과 지구 사이에 달이 들어와서 태양을 가리는 것이란다.

일식 이요? 그것은 어떤 원리 인가요?

다음에 일식을 보러 가려고 한다.

1868년, '쭐랄롱꼰' 왕자가 15살의 어린 나이로 '라마 5세'에 즉위했다.

그러나 라마4세는 일식 관측 여행 도중 말라리아에 걸려 죽게 되고

192

열강에 의한 식민지 통치를 시찰하며 근대국가의 실태를 배웠다.

그 기간동안 싱가포르와 인도 등의 나라를 방문하면서

라마 5세가 성인이 될 때까지 섭정정치기 이루어졌고

또한 재정을 정비하고 국정자문 위원회※와 법원을 설치했다.

지방을 다스리기 위해 주지사를 두고 도·군·면으로 나눌 필요가 있어.

재무부 같은 기능별 부처도 만들어야겠군.

그리고 성인이 되자, 명실상부한 왕으로서 제도 개혁에 착수했다.

※ 국왕에게 조언을 하는 기관

능력주의를 추진하고 신분제도를 폐지해야 해….

귀족이라는 이유만으로 관료가 될 수 있는 구조를 바꾸고, 우수한 인재를 모아 전문적인 관료를 양성하자.

귀족을 휘어 잡아야 나라를 하나로 만들 수 있어.

그는 신분에 관계 없이 교육의 기회를 주었고

더욱이 등용시험에 합격하면 평민도 관료가 될 수 있도록 만들었다.

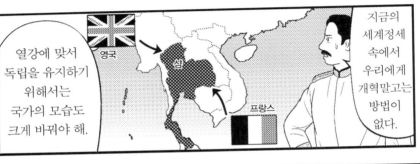

영국

샴

프랑스

열강에 맞서 독립을 유지하기 위해서는 국가의 모습도 크게 바꿔야 해.

지금의 세계정세 속에서 우리에게 개혁말고는 방법이 없다.

1885년 부터는 중앙 집권화를 추진하며

샴을 더 근대적인 국가로 바꿔 간다.

이 나라를 근대 국가로 탈바꿈 시키겠다!

우리 국민을 위해 개혁을 이룩할 것이다!

194

반면, 영국은 영프 간의 완충국으로서 중립을 유지시키고 싶다는 입장이었다.

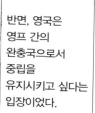
중립!

분할

영국

프랑스

1880년대 말경 프랑스는 샴을 영국과 분할해 지배하고 싶어했다.

그러나 프랑스가 점령하는 일부 지역 으로 부터의 철수 교섭이 난항을 겪었다.

프랑스는 좀처럼 짠타부리에서 철수해 주지 않네…

제오프라야 강
샴
방콕
짠타부리

1896년, 영국의 제안으로 양국의 군사 주둔을 제한하는 선언을 했고

이로써 샴은 독립국으로 살아남을 수 있었다.

짜오프라야 강 유역에는 군사를 주둔시키지 않는다!

영국

니콜라이 2세
러시아 황제

러시아 정부가 프랑스를 설득해 주도록 요청했고, 어느 정도 성과를 거뒀다.

그래서 그는 프랑스의 동맹국인 러시아와 친분을 다져

일본으로 유학생을 파견하는 등, 교류가 시작되었다.

러시아에 대한 기대는 줄어들었고

그러나 1902년, 러시아의 남하정책에 맞서 영일 동맹이 체결되자

샴은 열강으로 인정받은 일본에 많은 관심을 갖게 되었다.

러시아

일본

샴

라마 5세는 1910년에 사망할 때까지

샴의 근대화에 힘을 쏟았다.

이 나라에서 노예를 없애자!

1905년에 아동노예 해방을 시작으로 인신매매 금지가 이루어졌다.

또한, 능력주의 사회로 변모한 샴 국내에서는

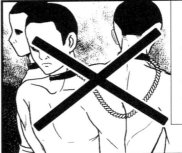

1912년에는 오랫동안 지속되던 노예제도가 폐지되었다.

인도네시아 지역

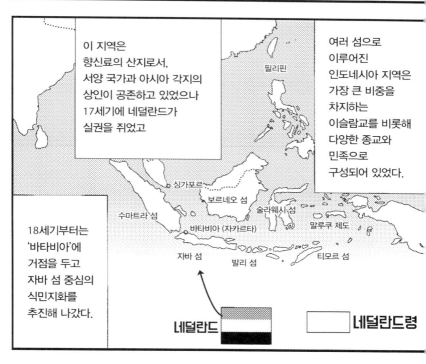

이 지역은 항신료의 산지로서, 서양 국가과 아시아 각지의 상인이 공존하고 있었으나 17세기에 네덜란드가 실권을 쥐었고

여러 섬으로 이루어진 인도네시아 지역은 가장 큰 비중을 차지하는 이슬람교를 비롯해 다양한 종교와 민족으로 구성되어 있었다.

필리핀

싱가포르

보르네오 섬

수마트라 섬

술라웨시 섬

바타비아 (자카르타)

말루쿠 제도

자바 섬

발리 섬

티모르 섬

18세기부터는 '바타비아'에 거점을 두고 자바 섬 중심의 식민지화를 추진해 나갔다.

네덜란드

네덜란드령

조상 대대로 물려받은 땅이 이제는 다 네덜란드의 것이라니….

자바 섬에 위치한 '마타람 왕국'은 네덜란드 동인도회사에 의해

왕국이 분할된 이후 어쩔 수 없이 영토를 할양하게 되었다.

우리 나라에서 멋대로 활개 치다니!

네덜란드는 자바의 왕가와 귀족들이 갖고 있던 징세권을 빼앗아 다시 토지에 세금을 부과 했기 때문에

농민들 중에는 세금을 내지 못해 땅을 포기하고 농원노동자로 전락하는 사람들도 있었다.

이러한 상황에서 사회 불안과 네덜란드인에 대한 반발은 날로 커졌다.

이듬해인 1822년에는 자바 섬 중앙에 있는 화산이 폭발했다.

엎친 데 덮친 격으로 1821년 에는 콜레라가 유행했고

무슬림을 위한 왕을 찾자!

마타람 왕가는 네덜란드의 꼭두각시다!

결국 사람들은 예로부터 자바 섬에 전해 내려져 오는 '사회가 혼란에 빠졌을 때 나타난다는' 〈정의왕〉 전설을

크게 부르짖으며 정의왕의 출현을 고대하게 되었다.

바로 '족자카르타 왕국'의 디포느고로 왕자였다.

그는 족자카르타 왕의 장남으로, 젊은 시절부터 인망이 있었으나 생모의 지위가 낮아 왕이 될 수 없었다.

궁정과 네덜란드, 모두와 거리를 유지할 생각이었지만 더 이상 내버려 둘 수 없군.

결국 그 기대는 한 사람에게 모아진다.

왕자님! 부디 도와 주십시오!

무슬림의 땅을 되찾아 주십시오!

이것은 이슬람 땅을 무슬림이 되찾는 성스러운 전투다!

그렇게 1825년, 자바 전쟁이 시작되었다.

디포느고로는 스스로를 정의왕이라 선언하며 군사를 일으켰다.

디포느고로 아래 귀족과 병사, 민중들이 모였고

두 두 두 두 두 두

족자 카르타를 빼앗아 자바 중앙부를 지배했다.

바타비아(자카르타)

자바 섬

족자카르타

디포느고로의 군대는 네덜란드와의 전투에서

용감한 자바 전사들도 여기 까지구나…

부상을 입은 데다, 물자도 떨어져 더 이상 전력을 유지할 수 없겠어.

이후 전쟁 상황은 일진일퇴가 계속되면서 양쪽 진영 모두 피폐해져 갔다.

정의왕이 없는 지금 우리에게 승산은 없어…

1830년, 자바는 네덜란드에 패배했다.

네덜란드의 책략으로 체포, 추방되고 말았다.

디포느고로는 네덜란드군과 정전 협상을 벌였으나

200

그때까지는 농민으로부터 토지세를 징수하는 방식이었으나

유럽으로 수출할 상품 작물을 농민이 강제 생산하게끔 만드는 방식으로 바꿨다.

한편, 네덜란드는 벨기에 독립과 자바 전쟁으로 인한 재정난에 시달리자 식민지 정책을 전환하게 된다.

아빠 배고파요.

미안하구나. 먹을 게 없단다.

그 결과 식량 부족으로 인한 기근이 발생하는 일도 많았다.

이에 따라 농민들은 커피나 쪽풀, 사탕수수 같은 정해진 작물을 생산하게 되었고

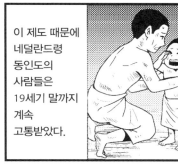

이 제도 때문에 네덜란드령 동인도의 사람들은 19세기 말까지 계속 고통받았다.

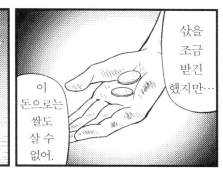

값을 조금 받긴 했지만…

이 돈으로는 쌀도 살 수 없어.

하지만 반란이 일어나면 곤란합니다.

커피와 설탕을 강제로 생산하게 해서 네덜란드의 이익을 추구하는 정책은 유지하고 싶습니다.

20세기에 들어서자 네덜란드는 식민지 지배의 정당성을 주장하기 위해 정책을 재검토했다.

네덜란드는 식민지 경영에 필요한 하급 관료를 양성하고 순종적인 중산층을 만들기 위해, 네덜란드어 교육도 시행했다.

이러한 정책을 '윤리정책' 이라고 부른다.

한편, 식민지와 현지인들에게 권한을 이양해 나가는 자치정책도 추진되었다.

생활 기반 보장과 관개(灌漑) 정비를 통한 농업 진흥 등의 복지 정책을 실시합시다!

그렇지!

이 정책으로 인해 사회기반이 어느 정도 마련되었으나, 만족스러운 수준은 아니었다.

카르티니는 1903년, 자바에 여학교를 세우고 여성의 사회 진출을 목표로 했다.

이러한 교육의 보급으로 새로운 세계관을 가진 자바인들이 활약하게 되었다.

카르티니

여성들도 학문을 배우고 지식과 교양을 갖춰야 합니다.

더이상, 자바인 혹은 여성이라는 이유로 양보해야 하는 시대가 아닙니다!

자바 젊은이들의 미래는 우리 자바인 어른들이 만들어야 해!

학생을 위한 장학금 단체를 만들자!

또한 1908년에는 자바인 의사가 장학 기금 설립을 호소해

민족적 의식이 고양되면서 '지고의 덕'을 뜻하는 '부디우토모'라는 민족주의 단체가 결성된다.

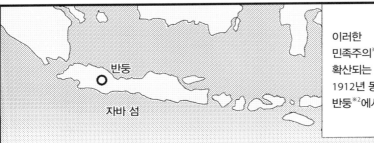

반둥

자바 섬

이러한 민족주의[※1]가 확산되는 가운데 1912년 동인도 반둥[※2]에서는

좋소! 그렇다면 정치 단체를 설립합시다!

수와르디 수라닝랏
민족주의 운동 지도자

인종이나 민족에 관계없이 동인도를 조국으로 생각하는 모든 사람에게 법적 평등을 주고 싶습니다.

칩토 망운쿠수모
민족주의 운동 지도자

윤리 정책이 아니라, 동인도에 자치를 인정해야 합니다.

다우어스 데커르
민족주의 운동 지도자

그러나 합법단체로 인정받지 못했기 때문에 반년 만에 해산하게 되었다.

동인도 전역에 걸쳐 네덜란드로부터의 독립을 목표로 한 최초의 정당이었다.

세 명의 인도네시아 민족주의 운동 지도자 아래 '동인도당'이 창당되었다.

금세 자바 섬 안으로 확대되었고, 1914년부터는 자바 섬 밖으로도 퍼지면서 동인도 전체에 걸친 최초의 대중조직이 된다.

무슬림들의 상호 부조를 목적으로 한 이슬람 동맹은

같은 시기인 1911년에 출범해서 이듬해 빠르게 확대된 대중민족주의 조직이 '이슬람 동맹'이다.

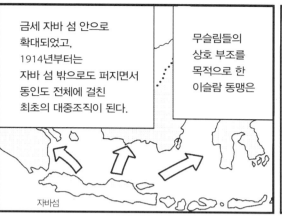

자바섬

SI

그동안 우리는 자바인, 발리인, 순다인으로 나뉘어 대립을 계속해 왔지만

이 상태를 지속한다면 네덜란드인이 바라는 대로 될 뿐입니다!

쪼끄로아미노또
인도네시아 민족주의 운동 지도자

우리는 하나가 되어 대항해 나가야 합니다!

중국계 상인들의 진출도 활발한 지금

근대적 진보,
상호부조,
이슬람교도의
단결을 중시했고

이후
반식민지
주의를
내세웠다.

이슬람동맹은
쪼그로
아미노또의
지도 아래

이렇게 자바인들은
자신들의 피와 살로
저항 운동을
계속 이어나갔다.

인도

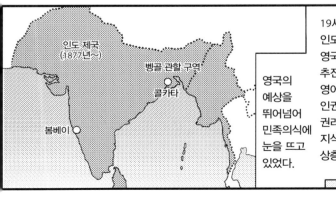

인도 제국
(1877년~)

벵골 관할 구역

콜카타

봄베이

영국의
예상을
뛰어넘어
민족의식에
눈을 뜨고
있었다.

19세기 말
인도에서는
영국이 지배를 위해
추진한
영어 교육으로 인해,
인권과 정치적
권리에 대해 배운
지식인과
상층 계급이

영국인은 횡포를 부리고 있다!

인도는 인도인의 것이다!

인도인의 출판 활동과 무기 소지를 규제하다니

이렇게 식민지 지배에 대한 반발이 거세졌다.

영국은 인도인을 무시하지 마라!

힌두교도와 무슬림의 분열을 촉진하기 위해 1905년, 벵골 분할령을 공포했다.

벵골을 분할해 두 개의 주로 만들겠소.

힌두교도가 많은 서방과 무슬림이 많은 동쪽으로 나누는 것입니다.

카존
인도 총독

민족운동이 활발한 벵골의 분할을 계획했다.

영국은 그러한 움직임을 약화 시키기 위해

207

지금이야말로 일어날 때입니다! 영국 제품 불매 운동을 벌입시다!

틸라크
인도의 정치가

그러나 이에 반발한 사람들은 벵골 분할 반대 운동을 일으켰다.

인도 국민회의의 급진파 '틸라크'도 들고 일어났다.

4대 강령

● 불매 운동 = 외국제품 불매
● 스와데시 = 국산품 애용
● 스와라지 = 인도인의 자치
● 민족교육 = 국민 교육 실시

1906년에 개최된 캘커타 대회에서는 벵골 분할령이 비판을 받았고 4대 강령이 채택되었다.

영국인의 협력을 얻어 1885년에 창설되었고, 인도인 엘리트들이 통치에 대한 의견을 개진하는 장소가 되었다.

국민회의는 인도인의 불만을 흡수하기 위한 조직으로서

1906년, 친영(親英)적인 전인도 무슬림연맹이 결성되었다.

한편 무슬림 지도자들 사이에서는 국민회의와는 별개로,

아가 칸 3세
전인도 무슬림연맹 지도자

힌두교도의 힘이 세지면, 소수파인 무슬림은 불리한 입장이 될 수도 있소.

힌두교도는 다수파가 아닙니까.

그들은 인도의 소수파인 무슬림이 불리한 입장에 놓일 것을 두려워했다.

지금은 이렇지만

영국이 없어지면 힌두교도가 우리를 지배하게 되지 않을까?

이러한 상황에서 벵골 분할령은 국민회의 등의 반대 세력의 영향으로 1911년, 철회되었다.

영국과 협력해서 무슬림의 이익을 지키는 편이 좋지 않겠소?

지금이라면 영국도 우리에게 도움을 주겠지요.

베트남

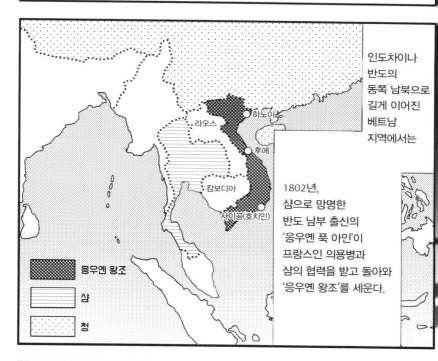

인도차이나 반도의 동쪽 남북으로 길게 이어진 베트남 지역에서는

라오스

하노이

후에

캄보디아

사이공(호치민)

응우옌 왕조

샴

청

1802년, 샴으로 망명한 반도 남부 출신의 '응우옌 푹 아인'이 프랑스인 의용병과 샴의 협력을 받고 돌아와 '응우옌 왕조'를 세운다.

1825년경부터 응우옌 왕조는 그리스도교를 사교(邪敎)라며 탄압하기 시작했다.

민망제
응우옌 왕조 황제

그러나 일부 반왕조 세력이 그동안의 유교적 통치가 아닌 그리스도교를 지지했기 때문에

응우옌 왕조는 중국의 제도를 도입해서 중앙 집권화를 추진했다.

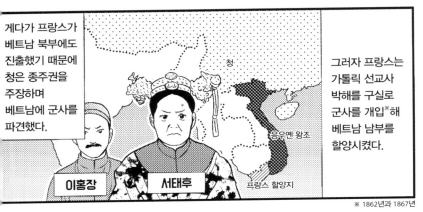

게다가 프랑스가 베트남 북부에도 진출했기 때문에 청은 종주권을 주장하며 베트남에 군사를 파견했다.

그러자 프랑스는 가톨릭 선교사 박해를 구실로 군사를 개입※해 베트남 남부를 할양시켰다.

청

응유옌 왕조

프랑스 할양지

이홍장

서태후

※ 1862년과 1867년

청군이 우세한 전투도 많았으나

1884년, 청프 전쟁이 일어난다.

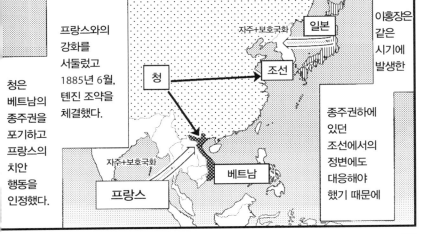

청은 베트남의 종주권을 포기하고 프랑스의 치안 행동을 인정했다.

프랑스와의 강화를 서둘렀고 1885년 6월, 톈진 조약을 체결했다.

자주+보호국화

일본

청

조선

자주+보호국화

프랑스

베트남

이홍장은 같은 시기에 발생한

종주권하에 있던 조선에서의 정변에도 대응해야 했기 때문에

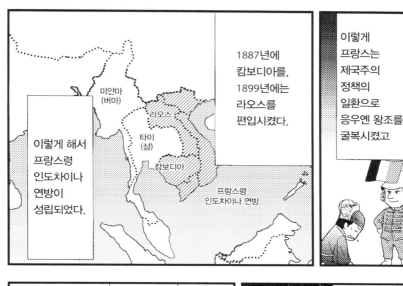

1887년에 캄보디아를, 1899년에는 라오스를 편입시켰다.

미얀마 (버마)

라오스

타이 (샴)

캄보디아

프랑스령 인도차이나 연방

이렇게 해서 프랑스령 인도차이나 연방이 성립되었다.

이렇게 프랑스는 제국주의 정책의 일환으로 응우옌 왕조를 굴복시켰고

각 식민지의 관헌에 쫓기는 신세가 되어 홍콩이나 광동, 도쿄 등으로 흩어졌다.

독립·저항 운동에 관여한 사람들은

지방 관리를 중심으로 한 촌락 차원의 투쟁이 전개되었으나 후에 진압되었다.

이런 상황에서 베트남에서는 동제(童帝)였던 함응이 황제의 이름 아래, 프랑스 지배로부터의 독립운동을 시작했고,

한편 메이지 시기 일본의 부국강병책을 본받으려고 생각한 자가 있었다.

와

아

아

아

아

국력 증강을 목표로 한 것은 좋았지만…

청나라는 서양의 근대문명과 과학기술을 도입해

베트남의 독립운동가 '판보이 쩌우'다.

판보이쩌우
훗날 베트남 독립운동 지도자

한편, 일본은 메이지 유신을 통해 봉건제에서 입헌군주제로 전환한 이후, 부국강병 · 근대화를 이루고 있어.

청일 전쟁에서 패배해 국력을 떨어뜨렸어….

유교에 기반한 체제를 바꾸지 못했고

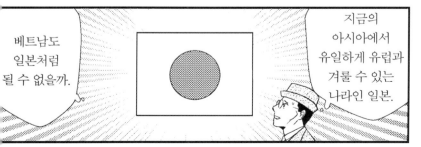

베트남도 일본처럼 될 수 없을까.

지금의 아시아에서 유일하게 유럽과 겨룰 수 있는 나라인 일본.

나는 과거※ 합격에 오랜 시간을 허비했다.

학문만 연구해서는 베트남을 독립시킬 수 없어.

남은 인생은 베트남 독립을 위해 쓰고 싶어!

※ 중국에서 598년에 시작한 관료 등용 시험. 1905년에 폐지되었음

하지만 프랑스는 강하기 때문에 우리에겐 근대적인 무기가 필요합니다.

프랑스에 대항하기 위한 조직이 형성되고 있소.

끄엉 데
베트남 황족·독립운동가

1904년, 판보이쩌우는 황족인 '끄엉 데'와 인연을 맺었다.

필리핀은 스페인을 쓰러뜨리기 위해 미국의 힘을 빌렸고

그건 위험합니다.

그 결과 미국의 지배에 고통받고 있습니다.

프랑스와 적대하고 있는 나라라면 도움을 줄지도 모르지요.

서구 제국은 어떻습니까?

여태까지라면 청나라를 의지했겠지만 청나라는 지금 자국을 지키는 것만으로도 벅찰 것입니다.

군사 지원은 힘들 수 있겠지만, 무기와 자금을 제공해 줄 지도 모릅니다.

다만 일본은 지금 러시아와 전쟁 중이니

일본을 의지해 봅시다.

응우옌 왕조의 유신체제에 기반해 입헌군주제를 목표로 한 '유신회'라는 당을 결성했다.

그해 두 사람은 프랑스 지배로 부터의 독립과

판보이쩌우 눈에 눈부시게 비쳤다.

아시아에 위치해 있지만 서구 문명 도입 후 근대 국가가 된 일본은

그는 한자를 통해 중국인, 일본인과 의사소통을 할 수 있었다.

일본에 망명해 있던 청나라 변법파※의 논객인 '량치차오'에게 편지를 썼다.

일본 요코하마

1905년에 일본으로 건너간 판보이쩌우는 요코하마에서 하숙생활을 시작했고

여기가 일본인가

많은 것을 배울 수 있을 거야!

※ 캉유웨이를 비롯해 입헌군주제를 목표로 정치개혁을 일으킨 사람들

216

네! 선생님처럼 조국에 도움이 되기 위해 공부하고 있습니다.

베트남을 바꿔 나가고 싶다는 말인가.

알겠네. 힘이 되어 줄 일본인을 소개하지.

자네가 판보이 쩌우 군이군.

량치차오

무력보다 인재 육성을 우선해야 한다는 생각이 들었습니다.

네, 저도 일본에 와서 산업의 발전과 사람들의 생활을 직접 보고

혁명에는 무기보다 인재가 필요하지. 우선 인재를 길러야 하네.

그는 량치차오를 통해 '이누카이 쓰요시'와 친분을 쌓았다.

청나라 사람인 것으로 해서 베트남 유학생을 받아들이자구.

베트남 사람은 청나라 사람과 생김새가 비슷해.

217

이는 베트남에서 동쪽으로 가는 유학이라고 해서 '동유 운동'이라 불린다.

판보이 쩌우는 일본에 2백 명 이상의 유학생을 보냈다.

당시 일본은 비교적 자유로운 표현 활동이 가능한 나라였기 때문에 조국에서 박해받는 활동가들이 몰려들었다.

덕분에 끄엉 데 전하를 와세다대학에 입학시킬 수 있었습니다.

네.

동유 운동은 잘 되어가고 있는 것 같군.

미야자키 도텐

우리는 일본과 손을 잡고 프랑스를 타도할 것입니다.

유학생들은 머지않아 프랑스와 싸우는 혁명가가 되어.

자네 뜻대로 안 될 수도 있네.

설마….

아시아 나라들을 내려다 보고 있어….

그거 말인데, 일본인인 내가 말하는 것도 좀 그렇지만

일본은 이제 서구 열강의 반열에 올랐다고 생각하기 때문에

그는 일본에 배신당한 것이다.

일본은 프랑스의 요구에 응했고, 판보이쩌우를 비롯해 일본에 거주하는 베트남인에게 국외 퇴거를 강요하게 되면서 결국 동유 운동은 좌절되었다.

일본은 프랑스와 조약을 맺어 베트남에 대한 프랑스의 지배를 인정했다.

일본에 머무는 방법을 생각해 보자고.

청나라에 간다 한들 무엇을 할 수 있단 말인가.

1909년 요코하마항

219

끄엉 데도 중국과 유럽으로 활동의 장을 한 번 옮겼으나

1915년에 다시 일본으로 건너와 베트남 독립운동에 힘을 쏟았다.

전하! 일본은 아시아인을 경멸하면서 서구인에게 굽신거리고 있습니다.

이제 일본은 유럽과 다를 바 없습니다.

혁명군을 조직해서 지금이야말로 싸워야 해!

그러나 1914년에 체포돼 투옥되고 만다.

응우옌 왕조의 권리 회복이 아닌, 공화 혁명을 통한 베트남 독립을 목표로 했다.

일본을 떠난 판보이쩌우는 신해 혁명[1]에 영향을 받아 유신회를 해산하고, 1912년에 중국 광동에서 새롭게 '베트남 광복회'를 결성했다.

※1 1911년에 시작된, 청조를 타도하고 근대국가를 만들고자 한 혁명. 이듬해 중화민국을 건국

판보이 쩌우 선생님!

1924년 항주

그 후, 그는 1917년에 출옥했고 베트남 광복회를 베트남 국민당으로 개편하고 민족주의를 강화했다.

저도 선생님을 본받아 여러 나라에서 공부하고 있습니다.

유학자이신 자네 아버님과는 조국 독립에 대해 자주 이야기를 나누었지.

네, 오랜만에 뵙습니다.

응우옌 아이꾸옥, 오랜만이군.

코민테른[3] 아래 식민지가 손을 잡고 제국주의로부터 아시아를 해방시키는 겁니다!

소비에트 연방[2]의 힘을 빌리면 어떨까요?

알고 있네.

싸워야 합니다!

선생님! 학교와 도로가 생겼지만, 식민지의 인민들은 빈곤에 시달리고 있습니다.

※2 1917년 러시아 혁명을 계기로 러시아 제국이 무너진 이후, 1922년~1991년까지 계속된 사회주의 국가
※3 제국주의에 대항하기 위해 소련이 만든 공산주의 정당의 국제 조직

그럴 수도 있겠죠.

하지만, 해보지 않으면 모르는 겁니다!

베트남 스스로가 힘이 없는 한, 프랑스를 몰아낼 수 있다 한들 소련의 지배를 받게 될 걸세.

아직은 힘을 비축할 때야.

그 후
판보이쩌우는
체포되었다.

타
앗

베트남의
민족운동은
공산주의라는
새로운 단계로
접어든다.

이렇게 베트남의
미래는
응우옌 아이꾸옥,
훗날의 '호치민'에게
맡겨진다.

호치민
훗날 베트남 민주공화국 초대 대통령

동남아시아는
한 지역에
다양한 언어와
문화 배경을 가진
사람들이
살고 있었기 때문에,
이들의 독립운동은
결속되기까지
오랜 시간이 걸렸다.

서구의
제국주의
식민지 지배는
여러 가지
저항을
일으켰지만

처음에는
뿔뿔이 흩어져
일어났던 독립운동이,
점차 같은 운명을
공유하는 사람들
사이에서
연대감을 낳았고

이윽고
같은 나라에
속한
사람들이라는
의식이
높아져 갔다.

그리고
제1차 세계대전 후
발언력을 갖게 된
식민지들은
독립을 요구하며
민족운동을 활발히
펼쳐 나간다.

주요참고도서·자료

【서적】

- 山川出版社,『新世界史B』(개정판) /『詳説世界史B』(개정판) /『山川 詳説世界史図録』(제2판) /『世界史用語集』(개정판)
- 岩波書店,『近代国家への模索 1894-1925』/『帝国主義と各地の抵抗2』
- 勁草書房,『インドネシア思想の系譜』
- 講談社,『イスラーム帝国のジハード』/『大英帝国という経験』/『パックス·ブリタニカ 大英帝国最盛期の群像 上下巻』/『ラストエンペラーと近代中国 清末中華民国』
- 彩流社,『日本をめざしたベトナムの英雄と皇子 ファン·ボイ·チャウとクオン·デ』
- 人文書院,『フランス植民地主義の歴史 奴隷制廃止から植民地帝国の崩壊まで』
- 中央公論新社,『世界の歴史20 近代イスラームの挑戦』/『日露戦争史 20世紀最初の大国間戦争』/『物語ビルマの歴史 王朝時代から現代まで』
- ミネルヴァ書房,『教養のドイツ現代史』
- 文部省科学研究費補助金創成的基礎研究「イスラーム地域研究」,『アフガーニーと現代』
- 山川出版社,『中国史5』『帝国主義と世界の一体化』/『ファン·ボイ·チャウ 民族独立を追い求めた開明的志士』/『未完のフィリピン革命と植民地化』
- 有志舎,『イラン現代史 従属と抵抗の100年』
- Encyclopaedia Iranica vol. I,『AFGĀNĪ, JAMĀL-AL-DĪN』

- 明石書店,『アフリカの歴史 侵略と抵抗の軌跡』/『イランの歴史 イラン·イスラーム共和国高校歴史教科書』/『インドネシアの歴史 インドネシア高校歴史教科書』/『ベトナムの歴史 ベトナム中学校歴史教科書』
- 岩波書店,『メディアと日本人 変わりゆく日常』
- 大月書店,『輪切りで見える! パノラマ世界史④ 大きく動きだす世界』
- 河出書房新社,『図説本の歴史』
- 講談社,『オスマン帝国500年の平和』/『大清帝国』/『大清帝国と中華の混迷』/『入門東南アジア近現代史』
- 小学館,『日本大百科全書』
- 創元社,『図説世界の歴史8』
- 大修館書店,『義和団事件風雲録 ペリオの見た北京』
- 中央公論新社,『オスマン帝国 繁栄と衰亡の600年史』
- 原書房,『ヴィクトリア朝英国人の日常生活 貴族から労働者階級まで 上下』
- 平凡社,『世界大百科事典』/『東南アジアを知る事典』(신판) /『日露戦争史』
- 山川出版社,『アフリカ現代史』/『西アジア史』

【WEB】

ICT総研, NHK高校講座 世界史, 国立公文書館アジア歴史資料センター, 国立国会図書館, 聖徳記念絵画館, NHK for School

이 책을 만든 사람들

- **감수:** 하네다 마사시(HANEDA MASASHI)
  도쿄대학 명예 교수

- **플롯 집필·감수:**

  제1장 오자와 이치로(OZAWA ICHIRO)
  도요분코 연구원
  유게 나오코(YUGE NAOKO)
  와세다대학 교수

  제2장 오자와 이치로(OZAWA ICHIRO)
  도요분코 연구원

  제3장 오자와 이치로(OZAWA ICHIRO)
  도요분코 연구원

  제4장 오카다 다이헤이(OKADA TAIHEI)
  도쿄대학 교수

- **자켓·표지:** 곤도 가쓰야(KONDOU KATSUYA)
  스튜디오 지브리

- **만화 작화:** 기즈키 사에(KIZUKI SAE)

- **내비게이션 캐릭터:** 우에지 유호(UEJI YUHO)

차별적 표현에 대하여

『세계의 역사』 시리즈에는 현대를 살아가는 우리가 입에 담아서는 안 될 차별적인 표현을 사용한 부분이 있습니다. 역사적 배경이나 시대적 관점을 보다 정확하게 전달하기 위해, 불편함을 무릅쓰고 꼭 필요한 최소한의 용어만 사용했습니다. 본 편집부에게 차별을 조장하려는 의도가 없다는 점을 알아주시길 부탁드립니다.

− 원출판사의 말

하루 한 권 학습만화 13

세계의 역사

제국주의와 저항하는 사람들

(1890년~1910년)

초판인쇄 2022년 12월 30일
초판발행 2022년 12월 30일

감수 하네다 마사시
옮긴이 일본콘텐츠전문번역팀
발행인 채종준

출판총괄 박능원
국제업무 채보라
책임번역 김예진
책임편집 조지원
디자인 홍은표
마케팅 문선영 · 전예리
전자책 정담자리

브랜드 드루주니어
주소 경기도 파주시 회동길 230 (문발동)
문의 ksibook13@kstudy.com

발행처 한국학술정보(주)
출판신고 2003년 9월 25일 제406-2003-000012호
인쇄 북토리

ISBN 979-11-6801-789-4 04900
      979-11-6801-777-1 04900 (set)